다양한 교수 방법을 통한

유아음악교육

조성연 · 문혜련 · 이향희 공저

Music Education
for Young Children
with Various Teaching Method (3rd ed.)

학지사

3판 머리말

"음악은 인간의 마음속에 존재하는 위대한 가능성을 인간에게 보이는 것이다."

–에머슨(Emerson, R. W.)

음악은 우리 삶에 많은 영향을 미치며 영유아에게도 중요한 영향을 미칩니다. 영유아기의 음악 경험은 영유아의 성장을 돕고 그들의 잠재적인 능력을 이끌어 내는 역할을 할 수 있습니다. 유아교육기관에서의 하루 일과 동안 영유아들은 많은 시간을 음악과 관련된 활동을 합니다. 음악에 있어서 결정적 시기인 영유아에게 음악적 경험을 제공하는 영유아교사의 역할은 중요하며 영유아교사의 유아음악교육에 대한 사고와 실천적 지식은 유아의 음악적 경험에 많은 영향을 줍니다.

이 책은 영유아교육을 전공하는 예비 유아교사에게 적절한 유아음악교육 교재가 되길 바라는 마음으로 오랜 기간 대학에서 유아음악교육을 강의해 온 이들과 유아교육 현장에서 오랜 시간 교사로 재직하였던 이가 의기투합하여 썼습니다. 양성과정에서의 유아음악교육은 일반적으로 모의수업을 통해 학생들에게 음악교육의 내용과 교수학습 방법을 이해시키고자 합니다. 그러나 많은 예비교사뿐 아니라 현직교사도 음악의 내용지식과 적절한 교수 방법에 대한 이해가 부족하여 수업의 실제에서는 다양한 음악 활동보다는 편중된 음악 활동만 실행하거나 항상 동일한 교수법만을 적용하는 경우가 많습니다. 이에 이 책에서는 유아음악교육의 개념 이해를 돕기 위한 음악 활동을 제시하여 음악개념 이해를 충분히 돕고자 하였습니다. 그리고 다양한 영역의 음악 활동을 다양한 교수 방법으로 할 수 있도록 실제 활동을 구체적으로 제시하는 데 중점을 두었습니다. 음악교육의 내용과 교수 방법을 영역별로 상세히 제시하였고, 실제로 현장에서 유아들과 활동해 본 경험들을 토대로 유아의 발달 및 흥미에 적합한지를 검토하고자 하였습니다. 이 책에 제시된 음악 활동들은 다양한 음악 활동과 교수 방법을 적용하고자 하는 현직교사들에게도 유용하리라 생각됩니다.

이러한 집필 방향에 따라,

1부에서는 유아음악교육에 대한 개괄적인 이해를 돕는 내용으로 구성하였습니다.

2부에서는 유아음악 활동의 각 유형별 내용과 교수 방법을 소개하고 관련된 교육계획안의 예시를 제시하였습니다. 또한 1부와 2부의 각 장별로 교수학습을 위한 제언을 제시하여 학생들이 강의를 통해 얻은 지식을 확장시킬 수 있도록 하였습니다.

3부에서는 유아음악교육의 실제 부분으로 유아교사들이 쉽게 활동을 이해하고 실제로 적용해 볼 수 있도록 활동 내용과 자료를 상세하게 제시하였습니다.

마지막으로, 유아교육기관에서 즐겨 부르는 동요를 부록으로 제시하였습니다.

이번 3판은 2019년 누리과정 및 표준보육과정의 개정에 맞추어 다음과 같은 내용을 보완 및 추가하였습니다.

- 개정된 표준보육과정과 2019 개정 누리과정의 내용을 수록하였습니다.
- 개정된 국가수준 교육과정의 방향인 놀이중심 교육과정에 맞추어 유아의 음악적 경험이 유아의 놀이를 지원해 주는 방향에서 이루어지는 점에 대해 강조하였고, 구체적인 사례를 제시하여 이해를 돕고자 하였습니다.
- 유아가 다양하고 의미 있는 음악적 경험을 할 수 있도록 하기 위해 다양한 교수 방법을 통한 음악활동의 일부를 새로운 활동으로 변경하고 수정 보완하였습니다.

한 권의 책이 마무리되는 데 많은 분의 수고가 있었습니다. 우선 바쁜 일정 속에서 서로를 배려하며 한마음으로 즐겁게 집필해 주신 저자들에게 서로 감사드립니다. 그리고 즐겁게 활동에 참여해 준 서울 우면초등학교병설유치원 누리반 유아들과 사진 사용을 허락해 주신 부모님들께 깊은 감사의 마음을 전합니다. 좋은 자료를 수록할 수 있도록 도움을 준 경기대학교 유아교육과 학생들에게도 감사드립니다. 마지막으로, 이 책이 나올 수 있도록 제안해 주시고 오랜 시간 기다려 주신 학지사의 김진환 사장님과 직원분들께 감사드립니다.

2020년 9월
저자 일동

차례

제2부 유아음악교육의 교수 방법

제 1 부

유아음악교육의 이론

제1장

유아음악교육의 이해

1. 인간과 음악

Portnoy(1963)에 의하면 음악의 가치는 인간에 대한 영향력에 있다고 한다. 다시 말하면, 음악이 인간에게 영향력을 가질 때 의미가 있다는 것이다. 음악은 분명 우리 삶에 많은 영향을 미치고 있다. 음악의 빠르기와 셈여림, 리듬 등 다양한 음악적 요소들은 머리 흔들기, 어깨와 엉덩이 흔들기 등 신체적 반응을 일으키며, 인간의 기분에도 영향을 미친다. 긍정적이거나 부정적인 기분은 다른 사람에 대한 태도에까지 영향을 미친다. 또한 음악적 요소들은 음식 섭취 속도나 매장 체류시간 등에 영향을 미쳐 매출액을 좌지우지하기도 한다.

한편, 모든 의식과 행사에는 음악이 동반된다. 음악이 빠진 의식이나 행사는 상상하기 어렵다. 종교의식, 군대의식, 운동경기 등에 참여한 관중이나 회중은 음악을 통해 일체감을 경험할 수 있으며, 각 의식과 행사에 어울리는 분위기가 고취될 수 있다. 이와 같이 음악은 인간의 삶과 불가분의 관계에 있다.

2. 유아음악교육의 중요성

유아들의 특성으로 인해 유아기에 음악교육은 더욱 중요하다. 그 이유를 살펴보면 다음과 같다.

1) 유아의 타고난 호기심 때문에 음악교육은 중요하다

호기심은 유아기에 강하게 나타나는 정서적 특징 중 하나다. 유아기에는 주변 사람이나 사물에 대한 호기심이 왕성하게 나타나며, 끊임없이 '왜'라는 질문을 던지는 시기이다(정옥분, 2008). 이런 호기심은 자신의 신체를 통해 나타나는 소리나 생활용품 및 악기를 통해 경험하게 되는 소리에 강한 끌림을 갖게 하고, 소리에 대한 탐색 및 실험을 시도하도록 이끈다. 유아의 소리 탐색 놀이는 음악의 기초가 되는 듣기의 밑받침이 될 수 있다. 이와 같이 유아음악교육은 유아기의 발달적 특징을 잘 반영할 수 있어 중요하다.

2) 유아기는 음악성 발달이 가장 활발하게 이루어지는 시기이기 때문에 음악교육은 중요하다

대부분의 유아는 음악성을 갖고 태어나며(Mursell, 1989), 모든 유아는 음악성을 발달시킬 수 있는 가능성이 있다(Gembris, 2002). 따라서 타고난 음악성이 긍정적으로 발현될 수 있도록 도와주어야 한다. 음악과 관계된 유아의 모습을 상상해 보자. 어떤 유아는 음악에 맞춰 노래하고, 어떤 유아는 혼자서 또는 친구와 함께 음악에 맞춰 악기를 연주하고자 할 것이며, 좋아하는 음악을 듣기 위해 헤드폰을 끼거나 친구와 함께 좋아하는 음악에 맞춰 춤을 추기도 할 것이다. 이와 같이 음악은 노래 부르기, 연주하기, 감상하기, 움직이기와 같이 자연스럽게 각기 다른 반응들을 일으키고, 그 반응이 어떤 것이든 유아기의 음악성 발달을 촉진할 수 있으므로 유아음악교육은 중요하다.

3) 유아기는 음악적 학습에 있어 결정적 시기이기 때문에 음악교육은 중요하다

Gordon(1997)은 태어난 직후부터 9세까지의 음악적 환경과 교육의 중요성에 대해 언급했고, Choksy(1988)는 3~7세까지의 음악교육이 가장 중요하다고 하였다. 이와 같이 유아기는 음악적 영향력이 가장 큰 시기이며 음악적 학습에 있어서도 결정적 시기이다. 따라서 자연스러운 음악적 경험 뿐 아니라 발달적으로 적합하고 체계적인 음악교육은 유아의 음악적 잠재력 개발에 매우 중요하다.

3. 유아음악교육을 통한 전인적 발달

다양한 음악적 경험을 통해 유아는 전인적 성장 및 발달을 이루게 된다. 음악적 경험을 통해 이루어지는 유아의 전인적 발달에 대해 살펴보면 다음과 같다(Campbell & Scott-kassner, 2013).

1) 음악적 경험을 통해 유아의 신체 발달이 이루어진다

음악은 자연스럽게 신체적 반응을 일으킨다. 신나는 음악이 나오면 어깨를 들썩거리거나 엉덩이를 씰룩거리게 되고, 부드러운 음악이 나오면 몸을 좌우로 천천히 움직이게 된다. 유아는 율동이나 손유희를 하며 노래를 부르기도 하고, 감상하는 음악의 리듬이나 멜로디의 흐름에 맞춰 신체로 표현하기도 한다. 이와 같이 음악이 동반되는 신체적 표현은 유아의 대근육 발달과 소근육 발달에 긍정적인 영향을 미친다.

2) 음악적 경험을 통해 유아의 정서 발달이 이루어진다

음악이 다양한 정서 반응을 유발하고 기분을 변화시키기도 한다는 것은 많은 연구에 의해서 입증된 사실이다. 유아는 대체로 노래를 부르면서 자연스럽게 마음이 부드러워진다. 따라서 노래를 부르는 자체만으로도 정서적 순화가 이루어질 수 있다. 한편, 음악적 요소가 어떻게 통합되었는지에 따라 다른 정서를 느끼게 된다. 예를 들어, 스타카토의 톡톡 튀는 멜로디를 감상하거나 노래를 부르게 되면 마음도 함께 통통 튀는 듯한 느낌을 갖게 된다. 빠른 비트의 음악 또는 북이나 드럼으로 강하게 연주되는 음악을 듣게 되면 무엇인가에 쫓기는 느낌이나 긴장된 마음을 느끼게 된다. 반대로 잔잔하고 부드러운 음악에 의해 마음이 진정되어 잠이 들기도 한다. 또한 특수한 문화(유아의 가족, 지역사회 등) 안에서 사람들에 의해 이해된 감정과 정서를 음악적으로 표현하며 의사소통하도록 이끈다. 이와 같이 음악은 다양한 정서적 경험을 통해 정서 발달에 강력한 영향을 미치게 된다.

3) 음악적 경험을 통해 유아의 사회성 발달이 이루어진다

유아가 사회에 잘 적응하기 위해 발달되어야 하는 근본 성질이 바로 사회성이라 할 수 있다. 사회성은 주로 또래와의 관계를 통해 발달되며 이는 다른 사람들에게까지 확대되는데, 음악적 경험은 또래 간 상호작용을 통해 스스로 조절할 수 있는 능력을 발달시킨다. 함께 악기를 연주하는 과정에서 자기 순서와 친구들이 연주할 차례를 구분하여 기다릴 줄 알고, 노래를 부르거나 연주할 때 보다 아름다운 소리를 내기 위해 자신의 목소리와 연주 소리를 조절하고, 친구들의 연주 소리나 목소리에 귀 기울이는 행동을 하게 되는 것은 타인과의 관계에서 자기 자신을 조절할 수 있는 능력을 발달시켜 가는 것이다. 유아는 짧은 악절(Phrase)이 반복되는 멜로디에 집중하게 되는데, 이 또한 자기조절 능력을 발달시키는 데 도움이 된다. 또한, 음악을 통해 정리하기, 차례지키기, 음식 먹기 전 손 씻기와 같은 사회적 예의나 규칙에 대해 학습한다. 이와 같이 다양한 음악적 경험은 유아의 사회성 발달을 촉진시킨다.

4) 음악적 경험을 통해 유아의 언어 발달이 이루어진다

유아는 자유놀이 시간에 배경음악으로 듣게 되는 노래, 친구들이 부르는 노래, 그리고 노래 부르기 활동을 통해 다양한 단어와 문장을 습득하게 된다. 또한 노랫말 바꾸기 활동이나 음악 감상 활동 후 그에 대한 생각이나 느낌을 언어로 표현하는 과정을 통해 문장 및 언어 표현력을 증진시킬 수 있다. 이와 같이 음악적 경험은 언어 발달을 촉진하는 매개체가 된다.

5) 음악적 경험을 통해 유아의 인지 발달이 이루어진다

음악은 즐겁게 학습할 수 있는 동기를 부여해 주므로 음악적 경험과 음악 활동을 통해 자연스럽게 지적 성장이 이루어질 수 있다. 악기로 동화 효과음 만들기, 재활용품이나 일상생활용품으로 악기를 제작하거나 연주하는 경험을 통해 문제해결력과 사고력을 향상시킬 수 있으며, 음에 대한 변별력, 소리를 기억하고 재생해 낼 수 있는 기억력, 소리를 특성에 따라 범주화할 수 있는 분류 능력 등을 발달시킨다. 또한 학습할 개념이나 명칭 등을 보다 쉽게 인지할 수 있도록 도와준다(예: 신호등 노래, 태극기 노래). 이와 같이 다양한 음악적 경험은 유아의 인지 발달을 도울 수 있다.

6) 음악적 경험을 통해 유아의 창의성 발달이 이루어진다

유아는 다양한 음악적 경험을 하는 가운데 자신만의 독특하고 새로운 생각을 표출할 수 있는 기회를 가지게 된다. 노랫말을 새롭게 지어 보기도 하고, 멜로디를 창작해 보기도 하며, 노랫말과 멜로디에 어울리는 율동을 만들어 실행해 보기도 한다. 이러한 과정을 통해 창의성 발달이 효과적으로 이루어질 수 있다.

4. 유아음악교육의 내용*

현재 영유아를 대상으로 하는 국가수준의 교육과정은 연령별로 0~1세 표준보육

* 교육부, 보건복지부(2019). 2019 개정누리과정 해설서(2020. 3. 1. 시행) 및 제 4차 어린이집 표준보육과정 고시문(2020. 9. 1. 시행)에서 발췌하여 정리하였음.

과정, 2세 표준보육과정, 3~5세 누리과정으로 나뉘어져 있다. 표준보육과정은 '기본생활' '신체운동' '의사소통' '사회관계' '예술경험' '자연탐구'와 같이 6개 영역으로 나뉘어져 있고, 누리과정은 '신체운동 · 건강' '의사소통' '사회관계' '예술경험' '자연탐구'와 같이 5개 영역으로 나뉘어져 있는데, 이 중 음악교육과 연관된 영역은 '예술경험' 영역이다. 0~1세 표준보육과정, 2세 표준보육과정의 예술경험영역은 '아름다움 찾아보기' '창의적으로 표현하기'의 두 가지 내용 범주로 구성되고, 3~5세 누리과정의 예술경험영역은 '아름다움 찾아보기' '창의적으로 표현하기' '예술 감상하기'의 세 가지 내용 범주로 구성된다. 내용범주별 내용 중 음악교육과 관련되는 내용과 세부내용을 연령별로 살펴보면 다음과 같다.

1) 0~1세 표준보육과정

(1) 목표

• 아름다움을 느끼고 경험한다.

가. 자연과 생활에서 아름다움에 관심을 가진다.

나. 예술적 경험을 표현한다.

(2) 내용구성

내용범주	내용
아름다움 찾아보기	자연과 생활에서 아름다움을 느낀다.
	아름다움에 관심을 가진다.
창의적으로 표현하기	소리와 리듬, 노래로 표현한다.
	감각을 통해 미술을 경험한다.
	모방 행동을 즐긴다.

2) 2세 표준보육과정

(1) 목표

• 아름다움을 느끼고 즐긴다.

가. 자연과 생활에서 아름다움을 느끼고 관심을 가진다.

나. 예술을 통해 자유롭게 표현한다.

(2) 내용구성

내용범주	내용
아름다움 찾아보기	자연과 생활에서 아름다움을 느끼고 즐긴다.
	아름다움에 관심을 갖고 찾아본다.
창의적으로 표현하기	익숙한 노래와 리듬을 표현한다.
	움직임과 춤으로 자유롭게 표현한다.
	미술 재료와 도구로 표현해 본다.
	일상생활 경험을 상상놀이로 표현한다.

3) 3~5세 누리과정

3~5세 누리과정의 예술경험은 유아가 자연, 생활, 예술에서 아름다움을 느끼고, 예술에서 자신의 느낌과 생각을 창의적으로 표현하는 과정을 즐기며, 다양한 예술 작품을 감상하며 다른 사람의 예술 표현을 존중하는 내용이다.

(1) 목표

3~5세 예술경험영역의 목표는 다음과 같다.

• **아름다움과 예술에 관심을 가지고 창의적 표현을 즐긴다.**

가. 자연과 생활 및 예술에서 아름다움을 느낀다.

나. 예술을 통해 창의적으로 표현하는 과정을 즐긴다.

다. 다양한 예술 표현을 존중한다.

(2) 내용구성

3~5세 예술경험영역의 세부내용구성은 다음과 같다.

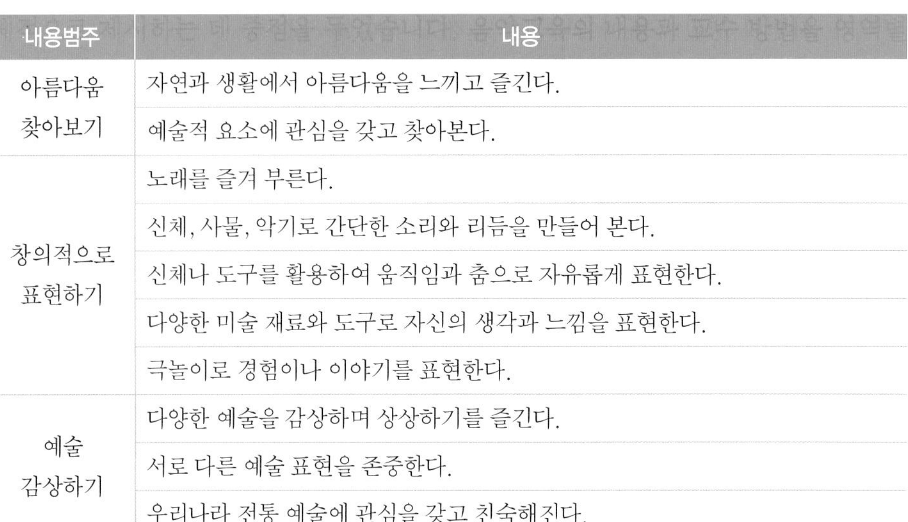

내용범주	내용
아름다움 찾아보기	자연과 생활에서 아름다움을 느끼고 즐긴다.
	예술적 요소에 관심을 갖고 찾아본다.
창의적으로 표현하기	노래를 즐겨 부른다.
	신체, 사물, 악기로 간단한 소리와 리듬을 만들어 본다.
	신체나 도구를 활용하여 움직임과 춤으로 자유롭게 표현한다.
	다양한 미술 재료와 도구로 자신의 생각과 느낌을 표현한다.
	극놀이로 경험이나 이야기를 표현한다.
예술 감상하기	다양한 예술을 감상하며 상상하기를 즐긴다.
	서로 다른 예술 표현을 존중한다.
	우리나라 전통 예술에 관심을 갖고 친숙해진다.

'아름다움 찾아보기'의 '자연과 생활에서 아름다움을 느끼고 즐긴다.'는 유아가 자신의 주변에서 만나는 자연, 공간, 사물 등의 아름다움을 풍부하게 느끼며 즐기는 내용이다. '예술적 요소에 관심을 갖고 찾아본다.'는 유아가 주변의 자연과 생활에서 다양한 소리나 리듬 등의 음악적 요소를 발견하고 아름다움을 경험하는 내용이다. 이러한 음악적 요소를 탐색하는 유아의 능력은 음악의 아름다움을 느끼고, 즐기게 할 뿐 아니라 동시에 이 아름다움을 소리와 악기 등으로 표현하고, 감상할 수 있는 음악 활동의 기초가 된다.

'창의적으로 표현하기'의 '노래를 즐겨 부른다.'는 유아가 흥얼거리거나 친구들과 함께 소리와 박자를 느끼고 노랫말을 바꾸어 불러 보며 노래 부르기를 즐기는 내용이다. '신체, 사물, 악기로 간단한 소리와 리듬을 만들어 본다.'는 유아가 자신의 신체, 주변의 사물, 리듬 악기 등을 사용하여 소리와 리듬을 창의적으로 만들어 보는 내용이다. 다양한 음악 활동은 유아로 하여금 표현하는 즐거움을 촉진하여 자발적이고 창의적으로 표현해 보는 경험을 갖게 하며, 유아의 음악성 발달의 기초가 된다는 점에서 중요한 의미를 지닌다.

'예술 감상하기'의 '다양한 예술을 감상하며 상상하기를 즐긴다.'는 유아가 자신과 또래의 음악 등 다양한 예술을 감상하고 자유롭게 상상하기를 즐기는 내용이다. '서로 다른 예술 표현을 존중한다.'는 유아가 자신과 또래의 음악 등에 포함된 다양한 표현을 존중하는 내용이다. '우리나라 전통 예술에 관심을 갖고 친숙해진다.'는 유아가 우리나라 고유의 전통 음악에 관심을 가지고 전통예술을 감상하며 우리나라 문화에 친숙해지는 내용이다.

5. 유아음악교육의 나아갈 방향

유아교육기관에서 이루어지는 유아음악교육은 다음과 같은 측면을 고려하여 실행되어야 한다.

1) 일방적인 음악 활동 제공이 아닌 유아들의 놀이와 경험을 지원해 주는 음악 활동이 되어야 한다

교사의 일방적인 사전계획에 따라 음악 활동을 실행하지 말고 유아들의 놀이와 경험을 지원해 주는 형태로 음악 활동이 이루어져야 한다. 이를 위해 교사는 유아의 놀이를 잘 관찰하여 유아들의 흥미와 요구를 파악하고 아름다움과 예술에 관심을 가지고 창의적 표현을 즐기는 사람으로 성장할 수 있도록 지원해 줄 수 있는 방법을 찾아야 한다.

2) 음악적 기술 향상보다는 음악 활동 과정에서의 즐거움이 우선되어야 한다

유아교육기관에서 이루어지는 음악교육은 음악적 기술 향상을 주목적으로 가르치는 음악학원에서의 음악교육과는 구분이 되어야 한다. 결과보다는 음악 활동 과정에서 느끼는 즐거움과 음악의 아름다움을 경험하는 것이 주목적이 되어야 한다.

3) 음악이 무엇을 위한 수단이 아니라 그 자체가 목적이 되어야 한다

유아의 발달이나 요구를 무시하고 '재롱잔치'와 같은 특별 행사를 위한 준비교육

차원에서 음악교육이 이루어지는 것을 주의해야 한다. 무엇을 위한 수단으로서의 음악이 아니라 음악 그 자체가 목적이 되어야 한다.

4) 교수 방법도 중요하지만 음악적 내용 지식도 간과해서는 안 된다

유아의 발달과 흥미에 적합한 교재교구를 사용하여 적절한 방법으로 가르치는 것도 중요하지만, 유아가 다양한 음악적 경험을 하는 가운데 음색, 박, 박자, 리듬, 빠르기, 셈여림, 멜로디, 화성과 같은 음악적 개념에 대해서 학습하는 것이 필요하다. 즉, 음악적 내용 지식이 음악적 경험 안에 녹아들 수 있게 해야 한다. 이를 위해 교사는 음악적 내용 지식을 잘 알고 있어야 한다.

5) 분리된 음악적 경험이 아닌 통합적 접근이 이루어져야 한다

음악 활동이 담임교사가 아닌 외부 강사에 의해 특별 수업 형식으로 이루어졌을 때 우려되는 점은 유아들의 흥미, 요구 및 경험과 관계없이 분리된 수업으로 적용될 수 있다는 것이다. 유아는 다양한 경험이 통합되어 적용될 때 능동적인 참여가 이루어지고 흥미가 지속되며, 잘 학습할 수 있다. 따라서 분리된 경험이 아닌 통합적으로 접근하는 것이 필요하다.

결론적으로 유아음악교육의 나아갈 방향은 유아가 음악을 즐겁게 경험하도록 하며, 이를 통해 심미적이고 창의적이며 감성이 풍부한 사람으로 성장해 갈 수 있도록 돕는 것이다.

교수학습을 위한 제언

유아들이 자유놀이 시간에 블록으로 주차장과 도로를 만들며 놀다가 다툼이 일어났다. 지나가던 유아가 열심히 만들어 놓은 구성물을 건드려 넘어진 것이다. 교사로서 음악 활동으로 연계하여 갈등을 해소하는 방법을 찾아보고 유아들의 발달을 지원해 주고자 한다.

⋯› 다음의 질문에 대해 토의해 보세요.

1) 관련된 음악 활동을 찾아보세요.

2) 찾아본 활동을 통해 이루어지는 유아의 발달에 대해 이야기해 보세요.

제2장

유아음악교육의 개념

모든 교사는 '어떻게 가르칠 것인가?'와 '무엇을 가르칠 것인가?'를 고민해야 한다. 즉, 교수 방법과 내용에 대한 고민을 의미한다. 전통적으로 교수 방법에 대한 중요성이 강조되어 왔지만, 점차 내용 지식의 중요성이 강조되고 있다. 교사들이 알아야 할 음악의 내용 지식은 바로 음악의 개념이다(Kim, 2004). 따라서 '노래 부르기' '악기 다루기' '음악 감상하기'와 같은 다양한 유아음악교육의 교수 방법에 음악의 개념이 통합되어 적용되는 것이 필요하다. 교사가 음악의 개념을 잘 알고 있을 때 유아들의 놀이를 통해 관찰된 다양한 경험들을 적절한 활동으로 연계하여 지원해 줄 수 있을 것이다. 이 장에서는 다양한 음악의 기본 개념에는 어떤 것이 있으며, 그것이 의미하는 바와 음악 활동에 적용할 수 있는 방법을 간략하게 제시하고자 한다. 이 장에서 다루는 음악적 개념은 직접 가르치는 것이 아니라 교사가 이해하고 음악적 경험에 적용하는 것이 중요하다.

1. 음색

1) 개념

음색(timbre)이란 음을 만드는 구성요소의 차이로 인해 발생하는 독특한 소리로, 다른 소리와 구별시켜 주는 소리의 질이다. 우리의 삶 속에는 수많은 소리로 가득 차 있다. 강의실에서 들을 수 있는 소리, 수영장에서 들을 수 있는 소리, 유치원이나 어린이집에서 들을 수 있는 소리, 부엌에서 들을 수 있는 소리, 자연의 소리, 동물 소리, 악기 소리, 기계 소리, 큰 소리와 작은 소리, 좋은 소리와 싫은 소리 같이 각기 다른 느낌의 소리를 경험하게 된다. 이와 같이 다양한 소리는 각기 음색이 다르기 때문에 유아는 다양한 음색을 가진 소리 경험을 통해 소리에 대한 변별력을 키우게 되고, 주변의 다양한 소리에 관심을 갖게 된다.

2) 교수학습 방법

① 산책이나 현장학습 중에 녹음한 소리 또는 장소나 특징별로 녹음한 소리를 들려주고 기호나 그림 또는 유아의 신체로 표현하기

② 신체의 각 부분을 이용해 다양한 소리를 만들고 연주하기

예 1 '똑같아요' 노래를 신체로 연주하기

가사	무	엇	이	무	엇	이	똑	같	은	가	–	–
A												
B												
C												

가사	젓	가	락	두	짝	이	똑	같	아	요	–	–
A												
B												
C												

예 2 '유치원에 갑니다' 노래를 신체로 연주하기

A	★	★	★	★	◎	◎	◎	◎

B	♥	♥	♥	♥	◎	◎	◎	◎

C	▼	▼	▼	▼	★	★	▼	▼

D	◎	◎	★	★	◎	◎	★	★

★: 손뼉치기 ◎: 발구르기 ♥: 손비비기 ▼:무릎치기

③ 음색이 다른 악기로 연주된 곡, 다른 목소리로 노래한 것을 듣고 느낌 이야기하기

아동이 부른 '어느 봄날'	성인이 부른 '어느 봄날'
기타로 연주한 '캐논변주곡'	피아노로 연주한 '캐논변주곡'
바이올린으로 연주한 '왕벌의 비행'	피아노로 연주한 '왕벌의 비행'
오르골로 연주된 '언제나 몇 번이라도' –센과 치히로의 행방불명	피아노로 연주한 '언제나 몇 번이라도' –센과 치히로의 행방불명

④ 악기와 도구들을 탐색한 후 주변에서 들을 수 있는 소리 찾기

–각종 악기, 블록과 같은 교구 등 소리 나는 도구를 제공해 주고 자유롭게 탐색하기

–제공된 물건들의 소리를 탐색하며 우리 주변에서 들을 수 있는 소리 찾아보기

–교사가 '세상의 소리들' 노래를 부르면 유아들이 자신이 찾은 소리를 이야기하기

⑤ 자기만의 아이디어로 음악적 이야기를 만들어 이야기의 내용과 악기의 음색을 연결하여 표현하기(예: 슈만의 '즐거운 농부')

> 어느 시골 농가에 한 농부가 살았어요. 따뜻한 봄이 왔어요. 앞산 너머로 아지랑이가 피어오르고, 집 앞 개울에서는 겨우내 얼어붙었던 물이 녹아 졸졸 흘러가기 시작했어요(실로폰). 농부는 논에 나와서 씨를 뿌리기 시작했어요(트라이앵글). 씨가 자라서 벼가 될 것을 생각하니 농부는 아주 기뻤어요. 농부가 뿌린 씨는 땅 밑에서 점점 자라기 시작했지요. 드디어 모심는 날이 돌아왔어요. 농부는 열심히 팔을 걷어붙이고 모심기를 하였답니다(우드블록).

여름이 되자 하늘에서는 해님이 뜨거운 햇빛을 비춰 주었어요(탬버린). '아, 목말라!' 햇빛 때문에 벼들이 너무 목말라 하면, 보슬보슬 비가 내려 촉촉하게 땅을 적셔 주기도 하였답니다(방울). 가을이 되었어요. 시원한 가을바람이 솔솔 불어와 벼들은 정말 시원했답니다. '아, 시원해라!'(마라카스) 뜨거운 햇빛, 시원한 빗물과 바람은 벼들을 무럭무럭 잘 자라게 해 주었지요. 드디어 추수하는 날이 돌아왔어요. 통통하게 알곡이 맺힌 벼들은 황금빛으로 출렁거렸어요. 농부는 너무 기뻐서 덩실덩실 춤을 추며 벼들을 거두어들였답니다(소고와 춤).

2. 박, 박자, 리듬

1) 개념

박(beat)이란 지속적이고 규칙적으로 표현되는 것으로, 마치 손뼉을 일정하게 치는 것과 같은 것이며, 박자의 단위가 된다. 박자(meter)란 박이 2박, 3박, 4박, 6박과 같이 일정한 규칙에 의해 모인 것으로, 셈여림이 일정한 간격으로 반복되는 것이며, 마디로 구분된다. 리듬(rhythm)이란 박자에 맞는 움직임의 패턴으로, 음의 장단과 셈여림이 질서 있게 반복되는 것이다. 따라서 한 음악 안에서 박과 박자, 리듬은 긴밀히 연관되어 있다. 우리가 잘 아는 노래 중 '작은 동물원' 노래에 맞춰 A 그룹은 일정한 속도로 손뼉을 쳐 보고, B 그룹은 '작은 동물원' 노래의 리듬대로 손뼉을 쳐 보자. A 그룹이 치는 손뼉은 박이 되는 것이고, B 그룹이 치는 손뼉은 리듬이 되는 것이다. 그리고 마디라는 이름의 일정한 간격으로 나누어 놓은 것이 박자가 된다.

〈음표와 쉼표〉

음(쉼)표	이름	총 길이	숫자 표현
𝅝 𝄻	온음표 온쉼표	4박	4
𝅗𝅥 𝄼	2분음표 2분쉼표	2박	2
♩ 𝄽	4분음표 4분쉼표	1박	1
♪ 𝄾	8분음표 8분쉼표	1/2박	1/2
𝅘𝅥𝅯 𝄿	16분음표 16분쉼표	1/4박	1/4

〈점음표와 점쉼표〉

음(쉼)표	이름	총 길이		숫자 표현
𝅝. 𝄻.	점온음표 점온쉼표	6박	𝅝 + 𝅗𝅥 𝄻 + 𝄼	4+2
𝅗𝅥. 𝄼.	점2분음표 점2분쉼표	3박	𝅗𝅥 + ♩ 𝄼 + 𝄽	2+1
♩. 𝄽.	점4분음표 점4분쉼표	1과 1/2박	♩ + ♪ 𝄽 + 𝄾	1+1/2
♪. 𝄾.	점8분음표 점8분쉼표	3/4박	♪ + 𝅘𝅥𝅯 𝄾 + 𝄿	1/2+1/4

2) 교수학습 방법

① 1박, 2박, 4박으로 나누어 연주하기

–A 팀은 1박마다, B 팀은 2박마다, C 팀은 4박마다 연주하기

봄님

② 동요에 맞춰 박과 리듬을 연주하기

–한 팀은 박팀이 되고 한 팀은 리듬팀이 되기

–손뼉치기나 발구르기로 연주하기

–리듬 막대로 연주하기

※ 리듬팀은 동요 리듬 그대로 해 보다가 익숙해지면 리듬을 만들어 연주하기

〈박과 리듬의 예〉

노래: 작은 동물원(4/4)

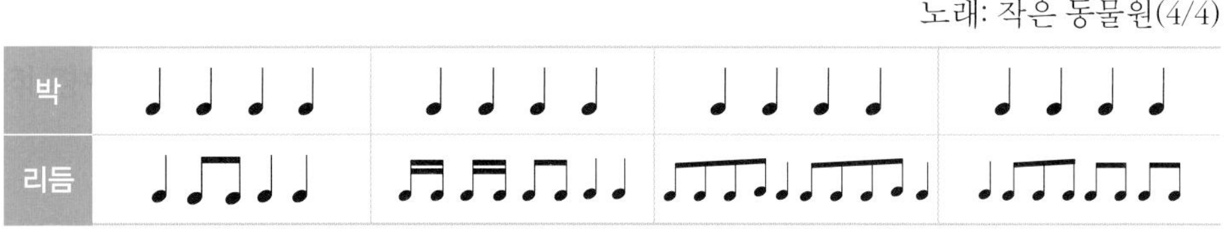

③ '나처럼 해 봐요' 노래에 맞춰 리듬 만들기

–노래 '나처럼 해 봐요 이렇게~' 다음 부분에 리듬치기(손뼉이나 리듬막대로)

–리듬을 그대로 따라 쳐 보기

나처럼 해 봐요

④ 4박에 맞추어 대화를 리듬감 있게 주고받기

〈리듬감 있는 대화의 예〉

오랜만이다	♪ ♪ ♪ ♪ 𝅗𝅥
만나서 반가워	♪ ♪ ♩ ♪ ♪ ♩
오늘 하루 어땠니?	𝅘𝅥𝅯 𝅘𝅥𝅯 𝅘𝅥𝅯 𝅘𝅥𝅯 ♪ ♪ 𝅗𝅥
재밌었어요	♩ ♪ ♪ ♩ ♩

⑤ 리듬 듣고 무슨 동요인지 알아맞히기

-노래의 리듬을 그대로 리듬막대로 치기

-리듬을 듣고 무슨 동요인지 알아맞히기

⑥ 노래 부르기나 연주하기에 리듬 오스티나토(일정한 리듬을 반복하는 것) 적용하기

예 1 곡이나 노래의 일부분에 리듬 적용하기(예: 깨끗이 이를 닦아요)

-연주하고 싶은 리듬을 말로 만들기

예

-말리듬을 그림으로 표상하기

-말로 리듬을 읽어 보기

-노래의 일부분에 ♫♫(치카치카) 리듬 적용하여 부르기

-반 그룹은 노래를 부르고 나머지 반 그룹은 ♫♫(치카치카) 리듬을 반복하기

-손뼉으로 리듬 치기

-악기로 리듬 치기

-반 그룹은 노래를 부르고 나머지 반 그룹은 ♫♫(치카치카) 리듬 연주하기

깨끗이 이를 닦아요

예 2 곡이나 노래의 전체에 리듬 적용하기(예: 엘가의 '사랑의 인사')

–연주하고 싶은 리듬을 말로 만들기

예

나 는 지 금 행복 합니다
♩ ♩ ♩ ♩ ♫ ♫ 𝅗𝅥

–말리듬을 그림으로 표상하기

–말로 리듬을 읽어 보기

–음악 전체에 ♩ ♩ ♩ ♩ ♫♫ 𝅗𝅥 (나는 지금 행복합니다) 리듬 적용하여 부르기

–손뼉으로 리듬 치기

–악기로 리듬 치기

–음악에 맞춰 ♩ ♩ ♩ ♩ ♫♫ 𝅗𝅥 (나는 지금 행복합니다) 리듬 연주하기

오스티나토(Ostinato) 연주법

한 곡 내에서 한가지 리듬 또는 선율 등을 집요하게 반복하는 것

⑦ 시각적 리듬 만들어 연주하기

–의성어나 의태어가 반복적으로 나오는 노래에 효과적임.

〈시각적 리듬의 예 1〉

노래: 개구리(제3부 제9장 활동 6 리듬 창작하기를 이용한 연주하기 참고)

	박	리듬		시각적 리듬의 예 (박을 표현하는 연꽃잎 모양은 동일하게 표현, 리듬을 표현하는 연꽃 모양은 다양하게 표현 가능)
연꽃잎 위의 연꽃	연꽃잎	반박		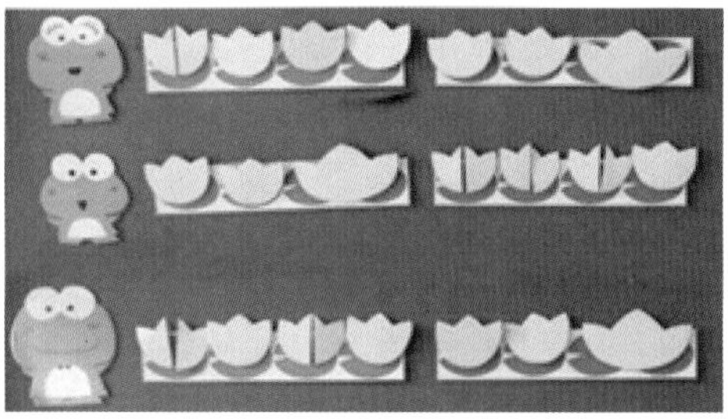
		한박		
		두박		

〈시각적 리듬의 예 2〉

노래: 웃음

	박	리듬		시각적 리듬의 예 (박을 표현하는 화분 모양은 동일하게 표현, 리듬을 표현하는 하트 모양은 다양하게 표현 가능)
화분 위의 하트	화분	반박		
		한박		
		두박		

3. 빠르기와 셈여림

1) 개념

빠르기(tempo)란 메트로놈의 수에 의해 표현될 수 있는 것으로, 악곡의 빠르기의 정도를 나타내는 말이다. 유아에게는 '토끼와 거북이' '자동차와 비행기' 등 알고 있는 동화나 쉽게 인지될 수 있는 대상으로 설명해 줄 수 있다. 셈여림(dynamic)이란 음악에서 소리의 세고 여린 정도를 의미하는 것으로, 음악이 강하거나 부드럽게 진행되는 것 또는 강세를 주어 표현되는 것 등을 의미한다.

〈셈여림표〉

기호	pp	p	mp	mf	f	ff
읽기	피아니시모	피아노	메조피아노	메조포르테	포르테	포르티시모
뜻	매우 여리게	여리게	조금 여리게	조금 세게	세게	매우 세게

기호	cresc.	decresc.	dim.	sf, sfz	fz	fp
읽기	크레센도	데크레센도	디미누엔도	스포르잔도	포르잔도	포르테 피아노
뜻	점점 세게	점점 여리게		그 음만 특히 세게		세게 곧 여리게

2) 교수학습 방법

① 빠른 음악과 느린 음악, 강한 음악과 부드러운 음악에 맞춰 표현하기

- 색깔로 표현하기
- 선, 점, 형태로 표현하기
- 그림으로 표현하기
- 단어로 표현하기
- 신체로 표현하기

빠른 음악의 예	느린 음악의 예
림스키코르사코프의 '왕벌의 비행'	생상스의 동물의 사육제 중 '거북이'
쇼팽의 '강아지 왈츠'	슈만의 어린이 정경 중 '트로이메라이'
비제의 '카르멘'	바버의 '현을 위한 아다지오'
슈베르트의 '숭어'	마스네의 '타이스 명상곡'
강한 음악의 예	**부드러운 음악의 예**
생상스의 동물의 사육제 중 '사자왕의 행진'	생상스의 동물의 사육제 중 '백조'
슈베르트의 '군대행진곡'	모차르트의 '자장가'
요한 슈트라우스 1세의 '라데츠키 행진곡'	바하의 'G선상의 아리아'
요한 슈트라우스 2세의 '천둥과 번개'	무소륵스키의 '전람회의 그림'

② 동요나 음악에 맞춰 빠르게 또는 느리게(강하게 또는 부드럽게) 불러 보고 연주해 보고 움직이기

–빠른 또는 느린(강한 또는 부드러운) 목소리로 불러 보기
–빠르게 또는 느리게(강하게 또는 부드럽게) 손뼉으로 쳐 보기
–빠르게 또는 느리게(강하게 또는 부드럽게) 걸어 보기
–빠르게 또는 느리게(강하게 또는 부드럽게) 리듬악기로 연주해 보기
–빠르게 또는 느리게(강하게 또는 부드럽게) 스카프나 리본 막대 흔들어 보기

※ 참고할 점:

- 노래나 음악 전체를 빠르게 또는 느리게 불러 보거나 연주해 볼 수 있고, 강하게 또는 부드럽게 불러 보거나 연주해 볼 수 있음.
- 빠르기 기호(예: 비행기와 자전거) 또는 셈여림 기호(예: 코끼리와 다람쥐)를 만들어 다르게 제시할 때마다 빠르기와 셈여림을 변경하여 불러 보거나 연주해 볼 수 있음.

③ 빠르기가 다른 피아노 반주에 맞춰 반응하기(어떤 음악이든 가능)

–예를 들어, '뚝딱뚝딱'이라는 노래반주에 맞춰 반응하는 경우 처음 두 마디는 정상 속도로, 다음 두 마디는 느리게, 그다음 두 마디는 다시 정상 속도로, 그다음 두 마디는 아주 빠르게 등 다양한 빠르기로 반주하기

- 손뼉치기로 반응하기
- 발구르기로 반응하기
- 걷기로 반응하기

※ 주의할 점: 처음 반응하도록 할 때는 가능한 한 마디의 수를 일정하게 정해 놓고 빠르기를 다르게 하여 예측가능하게 반주하는 것이 효과적임.

④ 큰 소리와 작은 소리에 반응하기

–음악을 들으며 걸어가다가(스키핑하다가, 앙감질하다가) 신호음이 들리면 멈추고 큰 소리(예: 큰북)가 들리면 몸을 최대한 크게 만들기(악기 소리를 크게 내기)

–음악을 들으며 걸어가다가(스키핑하다가, 앙감질하다가) 신호음이 들리면 멈추고 작은 소리(예: 트라이앵글)가 들리면 몸을 최대한 작게 만들기(악기 소리를 작게 내기)

⑤ 강박 악기와 약박 악기로 연주하기

강박 악기의 예	약박 악기의 예
큰북, 탬버린	트라이앵글, 우드블록, 캐스터네츠

–강박 악기 놀이

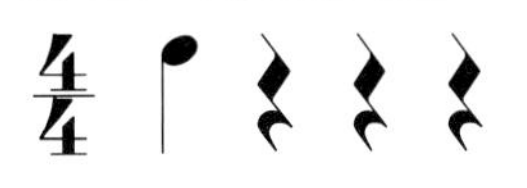

(1) 말로 한다[음표를 쿵, 쉼표를 짝–쿵짝짝짝(4/4), 쿵짝짝(3/4)].

(2) 신체 악기 연주

[음표를 손뼉, 쉼표를 무릎–손뼉무릎무릎무릎(4/4), 손뼉무릎무릎(3/4)]

(3) 리듬 악기로 연주(예: 강박 악기로 연주)

–약박 악기 놀이

(1) 말로 한다[음표를 쿵, 쉼표를 짝–짝쿵쿵쿵(4/4), 짝쿵쿵(3/4)].

(2) 신체 악기 연주[음표를 손뼉, 쉼표를 무릎–무릎손뼉손뼉손뼉(4/4), 무릎손뼉손뼉(3/4)]

(3) 리듬 악기로 연주(예: 약박 악기로 연주)

–강박 약박 악기 연주

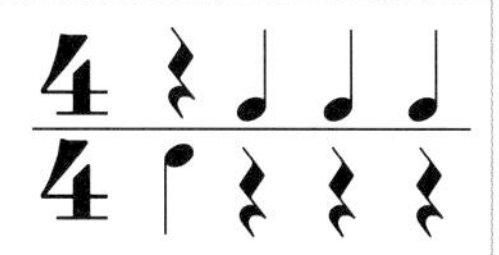
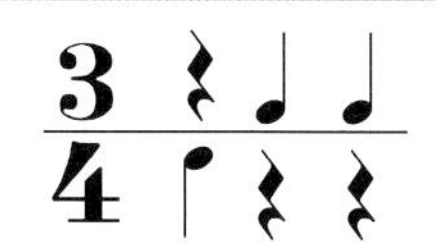

(1) 쿵 악기(강박 악기)와 짝 악기(약박 악기)를 합쳐서 연주하기

(2) 동요에 맞춰서 연주하기

⑥ 박자에 맞춰 신체와 악기로 박과 셈여림 표현하기

–박자별로 다음과 같이 셈여림이 일정한 간격(마디)으로 반복됨

2/4박자	강 · 약	3/4박자	강 · 약 · 약
4/4박자	강 · 약 · 중강 · 약 또는 강 · 약 · 약 · 약	6/8박자	강 · 약 · 약 · 중강 · 약 · 약 또는 강 · 약 · 약 · 강 · 약 · 약

–2박으로 된 음악 들으며 손뼉치기, 발구르기, 또는 리듬 막대로 연주하기 (강약 강약)

예 동요 산토끼, 요들송

–3박으로 된 음악 들으며 손뼉치기, 발구르기, 또는 리듬 막대로 연주하기 (강약약 중강약약 또는 강약약 강약약)

예 뻐꾹 왈츠, 사랑의 왈츠

–4박으로 된 음악 들으며 손뼉치기, 발구르기, 또는 리듬 막대로 연주하기 (강약 중강약 강약 중강약 또는 강약 강약 강약 강약)

예 동요 태극기, 라데츠키 행진곡

–6박으로 된 음악 들으며 손뼉치기, 발구르기, 또는 리듬 막대로 연주하기 (강약약 중강약약 또는 강약약 강약약)

예 동요 세계 여러 나라

※ 발구르기를 이용해 박과 셈여림 표현하는 예

–훌라후프 안에 발을 넣다 뺐다 하거나 줄을 바닥에 놓고 줄을 넘어 갔다 왔다 하는 형태로 적용할 수 있음.

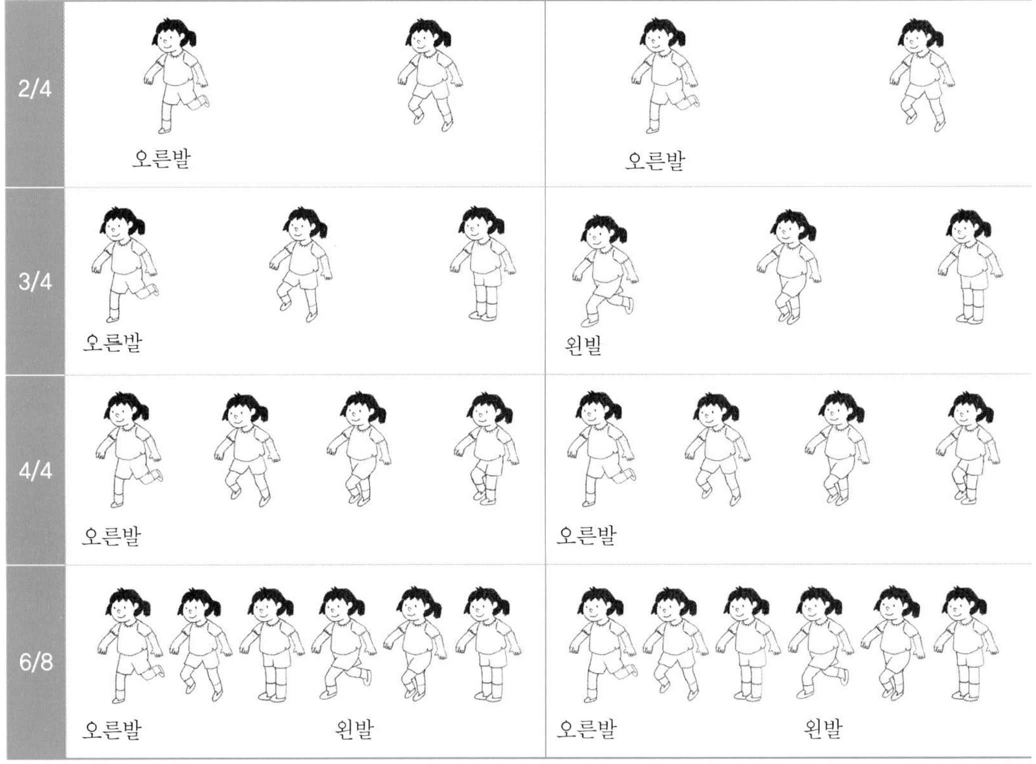

4. 멜로디와 화성

1) 개념

멜로디(melody)란 '선율' 또는 '가락'이라고도 하며, 다양한 높이와 리듬을 가지고 연속적으로 울리는 것을 의미한다. 즉, 음의 높고 낮음과 리듬이 결합된 것이라고 할 수 있다. 화성(harmony)이란 음들이 동시에 소리 나는 것으로, 2성 이상의 화음의 결합을 의미한다. 즉, 여러 소리가 동시에 조화롭게 나는 것이라고 할 수 있다.

2) 교수학습 방법

① 독주와 합주, 독창과 중창이나 합창 등 비교해서 들어 보기

- 가야금 산조와 가야금과 해금 이중주, 가야금 삼중주
- 하프 독주와 하프 협주곡
- 피아노(바이올린, 첼로) 솔로 연주곡과 피아노, 바이올린, 첼로가 함께하는 삼중주
- 독창과 중창이나 합창

② 높은 소리와 낮은 소리에 반응하기

- 음악을 들으며 걸어가다가(스키핑하다가, 앙감질하다가) 약속한 신호음이 들리면 멈추고 높은 소리(예: 피아노에서 높은 음 치기, 실로폰에서 높은 음 치기)가 들리면 몸을 최대한 높게 만들기
- 음악을 들으며 걸어가다가(스키핑하다가, 앙감질하다가) 약속한 신호음이 들리면 멈추고 낮은 소리(예: 피아노에서 낮은 음 치기, 실로폰에서 낮은 음 치기)가 들리면 몸을 최대한 낮게 만들기

※ 이 활동을 하기 전에 높은 음과 낮은 음을 먼저 비교해서 들어 보기

③ 배운 노래 중 멜로디가 없는 부분에 멜로디를 만들어 붙이거나 일부 멜로디를 바꿔 만들기

이야기로 하는 부분에 멜로디 붙이기의 예	–'그냥 두고 나갔더니' 노래 중 '나를 바닥에 그냥 두고 나갔기 때문에 지나가는 사람들이 나를 뻥 찼단 말이야' 부분
원 멜로디 바꿔 만들기의 예	–'숲속의 음악가' 노래 중 '찌가 진짠짠 찌가 진짠짠 찌가 진짠짠' 부분

그냥 두고 나갔더니

김성균 작사
김성균 작곡

숲속의 음악가

독일 민요
G D G D
나 는 숲 속 의 음 악 가 조 그 만 다 람
나 는 숲 속 의 음 악 가 조 그 만 파 란
나 는 숲 속 의 음 악 가 조 그 만 너 구
G D G D
쥐 아 주 익 숙 한 솜 씨 로 바 이 올 린 켜 지
새 아 주 익 숙 한 솜 씨 로 피 – 리 를 불 지
리 아 주 익 숙 한 솜 씨 로 피 아 노 를 치 지
G D
요 찌 가 진 짠 짠 찌 가 진 짠 짠 찌 가
요 삐 리 릴 릴 릴 삐 리 릴 릴 릴 삐 리
요 딩 딩 동 동 동 딩 딩 동 동 동 딩 딩
G D G D G
진 짠 짠 찌 가 진 짠 짠 참 잘 – 하 지 요
릴 릴 릴 삐 리 릴 릴 릴 참 잘 – 하 지 요
동 동 동 딩 딩 동 동 동 참 잘 – 하 지 요

④ 멜로디 악기 활용하기–보르둔 연주법(예: 핸드벨, 실로폰)

유치원에 갑니다

▶ '유치원에 갑니다' 노래를 보르둔 연주법으로 하는 방법

–이 곡은 #이나 ♭이 한 개도 붙지 않은 다장조다.

–첫째 줄 1, 2, 4번째 마디, 둘째 줄 1, 2, 4번째 마디의 근음은 '도'이고 '도'에서 5음에 해당하는 음은 '솔'이 된다.

–첫째 줄 3번째 마디와 둘째 줄 3번째 마디의 근음은 '솔'이고 '솔'에서 5도에 해당하는 음은 '레'가 된다.

–따라서 C 코드로 되어 있는 부분은 실로폰 '도'와 '솔'에 같은 색 스티커를 붙이고, G7 코드로 되어 있는 부분은 실로폰 '솔'과 '레'에 같은 색 스티커를 붙인다. 한 팀은 도와 솔에 스티커가 붙은 판을 연주하고, 한 팀은 솔과 레에 스티커가 붙은 판을 연주하면 된다.

※ 보르둔 연주법으로 적용할 때 코드(Chord) 보르둔과 브로큰(Broken) 보르둔으로 연주할 수 있는데 코드 보르둔 연주법이 더 쉬우므로 먼저 적용하는 것이 효과적이다.

- 코드(Chord) 보르둔: 각 코드별로 동시에 연주하기(예: C 코드–도와 솔 동시에 연주)
- 브로큰(Broken) 보르둔: 근음을 먼저 그다음에 5도 위의 음 연주하기(예: C 코드–도와 솔을 번갈아 연주)

※ 무지개 실로폰인 경우에는 실로폰 판의 색깔과 동일한 색 악보를 만들어 융판에 붙인 후 악보에 그려진 색깔 판만 연주하도록 한다.

보르둔(Bordun) 연주법

칼 오르프가 제시한 음악교육 방법으로, 그 조성의 근음과 5음에 기초한 반주법

〈기본 코드〉

근음 도 레 미 파 솔 라 시 도

※ 세븐 코드(C7, D7, E7, F7, G7, A7, B7)일 경우에도 기본 코드에 맞춰 연주해도 됨.

⑤ 선율(멜로디) 오스티나토(일정한 선율을 반복하는 것) 적용하기

–반복되는 선율(멜로디) 만들기

예

–말로 리듬을 읽어 보기

–손뼉으로 리듬 쳐 보기(♩ ♪ ♩ – 문 열어)

–(문 열어) 리듬을 반복적으로 말해 보기

–(문 열어) 멜로디를 반복적으로 불러 보기

–반 그룹은 '대문 노래'를 부르고 나머지 반 그룹은 '문 열어' 멜로디에 맞춰 노래를 반복해서 부르기

오스티나토(Ostinato) 연주법

한 곡 내에서 한가지 리듬 또는 선율 등을 집요하게 반복하는 것

교수학습을 위한 제언

• **음색**

1. 주변에서 들을 수 있는 소리를 범주화해서 찾아보세요[예를 들어, 계절(봄, 여름, 가을, 겨울)별로 들을 수 있는 소리, 정서(즐거움, 슬픔, 무서움 등)별로 구분할 수 있는 소리, 목적(정보 전달, 즐거움 등)에 따라 낼 수 있는 소리 등].
2. 각자 가져온 물건을 탐색한 후 그 물건으로 낼 수 있는 소리를 3가지 이상 찾아보고 각 소리를 통해 상상할 수 있는 것을 말해 보세요.

• **박 · 박자 · 리듬**

1. 각자 유치원(어린이집)에서 유아들과 상호작용할 수 있는 질문을 생각하여 리듬을 만들어 보세요. 그리고 한 명씩 돌아가며 리듬감 있는 대화로 질문과 대답을 이어 가 보세요.
2. 동요 한 곡을 선정 후 오스티나토로 불러 보세요.

• **빠르기와 셈여림**

1. 동요의 빠르기와 셈여림을 다르게 하여 불러 보려고 합니다. 적절한 시각적 자료에 대해 토의해 보세요.
2. 컵타, 몸타, 난타 등을 감상하며 다양한 리듬의 세계를 경험해 보세요.

• **멜로디와 화성**

1. '모두 제자리' 노래를 멜로디와 화성의 보르둔 연주법(p. 47 설명 참조)으로 연주해 보세요(부록: p. 218).
2. 동요를 한 곡 선정하여 보르둔 연주법으로 연주해 보세요.

제3장

유아음악교육을 위한 환경

유아기는 음악적 발달에서 중요한 시기로, 음악적 능력을 형성하는 기초적인 시기이며, 음악 감수성이 매우 빠른 속도로 발전하는 시기다(안재신, 2004). 유아는 초기 음악적 경험을 통하여 신체·정서·사회성·언어·인지·창의성 발달을 도모할 수 있으며, 음악적 잠재력을 발달시킬 수 있는 적절한 환경이 제공된다면 음악성의 발달 효과는 더 커지게 된다. 유아는 유아교육기관뿐 아니라 가정 및 지역사회에서도 음악적 경험을 하게 되며, 이러한 경험은 유아의 음악적 능력 발달에 영향을 준다. 이 장에서는 유아교육기관과 가정에서 조성해야 할 음악환경 및 지역사회에서의 활용 가능한 음악환경에 대해 살펴보고자 한다.

1. 유아교육기관의 음악환경

유아교육기관에서는 형식적 또는 비형식적 활동을 통해서 음악 활동이 이루어진다. 교사가 계획한 대소집단 활동 시간 외에도 유아의 흥미에 따라 자유롭게 음악을 경험할 수 있는 환경이 제공되어야 한다. 유아교육기관에서의 음악환경이란 유아의 음악적 경험이 주로 이루어지는 음률 영역을 포함하여 유아의 음악적 경험이 이루어지도록 조성하는 공간과 자료를 의미한다. 유아교육기관의 음률 영역을 구성할 때 고려할 점은 다음과 같다.

1) 독립된 공간으로 구성하며, 흥미 영역의 구성원리를 고려한다

다른 영역의 장 옆이나 교실 구석의 책상에 단순히 몇 개의 악기를 제공하는 것만으로는 다양한 음악 활동이 일어나는 공간으로 보기 어렵다. 음률 영역은 노래・악기・감상・동작 활동이 다양하게 일어날 수 있도록 독립된 영역으로 구성하여야 한다. 또한 음률 영역은 활동성이 높은 공간이므로 쌓기놀이 및 역할놀이 영역과 같이 활동적인 영역과 인접하도록 배치하며 유아의 놀이상황에 따라 융통성 있게 운영할 수 있다.

2) 다양한 음악적 경험을 위한 교수 자료와 기자재를 제공한다

음률 영역에는 악기뿐 아니라 노래・악기・감상・동작 활동 등 다양한 음악적 경험이 이루어질 수 있는 교수 자료와 기자재를 제공한다. 음률 영역에 제공하는 악기는 다양한 음색을 탐색할 수 있도록 여러 가지 재질로 만든 악기를 제공한다. 나무, 금속, 가죽, 플라스틱 등으로 만든 리듬 악기를 제공하며, 악기 연주 방식도 흔들기, 두드리기 등 다양한 경험을 할 수 있도록 제공한다. 또한 멜로디 악기와 현악기 등도 제공하여 다양한 악기의 특성에 관심을 갖도록 한다. 전형적인 악기 외에도 생활용품으로 만든 악기도 제공하여 유아가 소리 탐색을 즐기도록 한다. 생활용품 악기는 유아들에게 익숙함, 친근함을 주고 보다 다양한 반응을 이끌어 낼 수 있어 음률 영역의 참여도를 높일 수 있다. 음악 감상 활동을 위해 CD 플레이어와 CD, 헤드폰 등을 제공하며, 함께 불렀던 노래와 좋아하는 노래를 활발하게 부를 수 있도록 노랫말 자료와 새노래 지도 때 사용했던 자료(인형, 그림 자료, 막대 자료 등)를 제공한다. 이외에도 음악과 관련된 책, 리듬패턴 카드, 움직임과 춤으로 자유롭게 표현할 수 있도록 촉진하는 자료(스카프, 리본 막대, 후프 등)를 제공한다.

3) 유아의 경험과 연결된 통합된 영역이 되도록 한다

음악적 경험이 유아의 놀이경험과 통합적으로 이루어질 때 흥미를 증진시키고 놀이가 확장될 수 있는 계기가 될 수 있다. 이를 위해 음률 영역은 교실에서 이루어지고 있는 놀이경험과 연관되도록 구성한다. 일부 유아교육기관에서는 일 년 내내 동일한 악기와 기자재로 음률 영역을 구성하는 경우도 있는데, 이는 유아의 음악에 대한 흥미를 반감시킬 수 있으므로 유아가 관심 있어 하고 경험하는 놀이내용에 적절한 교수 자료로 교체하여 배치하는 것이 바람직하다.

4) 음악적 분위기를 조성한다

음률 영역 및 교실 내의 교구장, 벽면, 천정 등에 음악과 관련된 그림이나 사물을 배치하여 음악적 분위기가 나도록 한다. 음악가의 사진, 악기 사진, 무용 동작 그림, 연주회 관련 포스터 등을 전시하고 음악 기호나 악기 그림으로 된 영역 표시판, 모빌 등을 배치하여 유아가 음률 영역에 관심을 보이고 음악에 대한 동기를 부여할 수 있도록 한다.

5) 유아가 접근하기 쉽도록 다양한 방법으로 배치하고 안내문을 제공한다

음악자료를 제공할 때에는 유아가 사용하기 쉽고 정리하기 쉽도록 배치한다. 마라카스처럼 막대가 달린 악기와 리듬 막대처럼 긴 악기는 긴 통에 꽂아서 유아가 쉽게 꺼낼 수 있도록 하며, 악기를 쉽게 찾을 수 있는 방법으로 제공한다. 탬버린이나 핸드벨은 악기의 모양 그림자를 부착하고, 에그 마라카스처럼 굴러가기 쉬운 것은 바구니에 정리하도록 한다. 또한 전자피아노, 큰북과 같이 유아가 쉽게 움직이기 어려운 악기는 운반하지 않고도 연주할 수 있도록 적절한 장소에 고정시켜 배치한다. 모든 자료에는 이름표와 사진을 함께 표시하면 효과적이다. 음률 영역 기자재는 유아가 쉽게

음률 영역의 구성 모습

조작할 수 있는 것으로 제공하고 사용 방법에 대한 안내문을 함께 제공한다.

2. 가정의 음악환경

가정은 유아가 최초로 음악을 접하는 곳으로, 유아가 자연스럽게 경험한 음악적 경험은 이후 음악 활동의 기초가 된다. 또한 유아교육기관의 음악교육과 연계된 음악환경이 가정에서도 이루어진다면 유아의 음악적 능력을 최대한 개발시키는 데 효과적일 수 있다. 유아교육기관에서 매주 가정에 보내는 가정통신문이나 부모교육을 활용하여 유아교육기관과 가정과의 연계를 이룰 수 있다. 유아교육기관에서 이루어지는 음악 활동을 소개하여 가정에서도 부모와 함께 음악 활동을 해 볼 수 있도록 하며, 유아의 발달에 적합한 음악 및 음악을 들려주는 방법 등을 소개하고, 유용한 인터넷 사이트나 공연 관련 정보 등을 안내함으로써 가정의 음악환경을 지원할 수 있다. 유아의 음악적 발달을 위한 가정의 음악환경에 대해 제시하면 다음과 같다.

1) 일상생활에서 자연스럽게 다양한 음악을 들려준다

유아가 놀이하는 시간이나 식사 시간, 간식 시간, 청소 시간 등에 음악을 틀어 주어 자연스럽게 음악을 경험할 수 있도록 한다. 음악은 고전 음악뿐 아니라 다양한 문화권 및 장르의 음악을 들려준다.

2) 유아가 유아교육기관에서 배운 노래를 부모와 함께 부르고 즐긴다

부모는 유아가 유아교육기관에서 배운 노래에 관심을 갖고 유아에게 불러 보라고 시키기보다는 함께 즐겁게 부르는 경험을 자주 갖는다. 산책을 가거나 차를 타고 이동할 때 부모와 유아가 함께 노래를 부른다.

3) 생활용품을 활용하여 소리 탐색을 하고 악기를 만들어 본다

주방의 냄비, 숟가락, 프라이팬, 젓가락, 쟁반 등의 소리를 자유롭게 탐색하도록 하고, 탐색할 수 있는 공간과 허용적 분위기를 마련한다. 요구르트 병과 같은 폐품에 곡식을 넣어 마라카스와 같은 악기를 만들어 본다.

4) 유아를 위한 음악회에 참여하거나 음악과 관련된 물건을 파는 곳을 방문한다

악기, 음악 관련 책, CD 등을 파는 곳에 방문하여 구경하고 부모가 좋아하거나 유아가 좋아하는 책이나 CD를 함께 구입하는 경험을 갖는다.

가정에서 만든 악기를 기관에서 소개하고 활용한 모습

3. 지역사회의 음악환경

유아교육기관은 지역사회와 연계하여 교육할 때 유아에게 다양한 경험을 제공하고 확장된 경험을 제공할 수 있다. 유아교육기관에서 활용할 수 있는 지역사회의 음악환경은 다음과 같다.

1) 다양한 소리를 들을 수 있는 여러 장소를 방문한다

공원에서 산책하면서 자연의 소리(새소리, 바람 소리, 물소리, 곤충 소리 등)를 듣거나 거리에서 들리는 자동차, 비행기 소리 등을 탐색한다. 공장이나 공사장 등에서 나는 소리도 탐색하고 변별해 보는 경험을 제공한다.

2) 음악 공연이 이루어지는 공간을 방문하여 다양한 음악적 경험을 직접 체험하도록 한다

어린이를 위한 음악 공연이나 야외에서 이루어지는 지역 축제, 인근 학교에서 이루어지는 공연 등에 참여하여 다양한 형태의 공연을 즐길 수 있도록 한다.

3) 음악과 관련된 공간을 방문하여 음악 활동에 관심을 갖는 기회를 제공한다

지역사회에 있는 악기 전시회, 악기 공장, 악기 판매장 등을 견학한다.

4) 전문 인적 자원을 활용한다

연주자나 성악가와 같은 음악 전문가를 유아교육기관으로 초청하여 직접 연주를 감상하고 궁금한 점에 대해 이야기를 나누는 시간을 갖는다. 이외에도 음악교사, 악기 제작가, 공연 관련 종사자 등도 초청할 수 있다.

교수학습을 위한 제언

1. 현재 유아들이 경험할 수 있는 지역사회에서 열리는 음악 관련 축제 및 공연을 조사해 보세요.

제 2 부

유아음악교육의 교수 방법

제4장

노래 부르기

노래 부르기는 영유아가 가장 즐겨 하는 음악 활동이며 언어처럼 자연스럽게 습득하는 음악 활동이기도 하다. 영아기에 시작되는 음성 표현은 쿠잉과 옹알이에서 찬트하며 노래 부르는 과정으로 이동된다. 대부분의 유아는 노래 부르는 것을 좋아하며 갑자기 자발적 노래(spontaneous song)를 시작하기도 하기 때문에 의식적으로 계획하지 않아도 노래 부르기는 유아를 위한 모든 프로그램의 일부분이 된다(Pica, 2010). 유아교육기관에서 노래 부르기는 다양한 상황(모여 앉기, 실외 놀이, 자유놀이, 견학 등)에서 나타나기도 하고, 음악 활동 중에서 가장 일반적으로 접하게 되는 활동이다.

사람의 목소리는 최초의 악기로, 영유아는 노래를 통해 자신만의 음색을 표현할 수 있는 목소리를 실험하고 탐색하면서 자신을 표현하게 된다. 또한 사람들이 예로부터 노래를 통해 희노애락을 표현하고 감정을 분출하였듯이, 영유아도 노래를 통해 자신의 생각과 느낌을 표현한다. 노래 부르기는 유아가 자신의 목소리로 음악에 대한 느낌과 이해를 표현할 수 있는 가장 쉽고 직접적인 방법으로, 음악의 심미성을 경험하고, 음악적 개념을 형성하며, 더 나아가서는 음악을 통해 자신을 구현하는 기회를 제공한다(이지연, 2013).

이 장에서는 노래 부르기와 관련된 유아의 발달에 대해 알아보고, 유아에게 적절한 노래를 선정하기 위해 고려해야 할 점에 대해 살펴보고자 한다. 그리고 유아에게 적합한 노래 부르기 교수 방법을 소개하고, 이와 관련된 노래 부르기 교육계획안의 예를 제시하였다.

1. 노래 부르기와 유아의 발달

유아는 음역이 제한적일 뿐 아니라 음감과 리듬감이 충분히 발달되지 못하였으므로 유아의 음악적 능력의 범주 안에서 노래를 부를 수 있도록 노래 부르기 발달단계에 적합한 노래를 제공하는 것이 중요하다.

유아의 노래 부르기 발달은 언어 발달과 밀접한 관계가 있다. 영유아기 동안의 노래 부르기와 관련된 발달을 살펴보면 다음과 같다(김혜진, 2013; 임혜정, 2004; 하정희, 조영진, 강혜정, 2010; Greenberg, 1979; Rutkowski, 1986).

1) 2세 미만

출생 후 초기에 나타나는 울음, 쿠잉 등의 초기 발성은 다양한 높낮이, 음색, 리듬, 크기의 정도에 있어서 음악적 속성을 가지고 있다. 생후 몇 주일이 되지 않아서 영아는 이러한 소리를 조절할 수 있게 된다. 3~4개월째에 언어적 옹알이가 시작되고, 6~9개월 무렵에는 다양한 높낮이로 말소리를 내는 음악적 옹알이가 나타난다. 1세가 되면 노래 부르기와 말하기의 분리가 가능해지면서 놀이를 할 때 흥얼거리고 몇 개의 음을 듣고 따라 하면서 서서히 노래할 준비를 갖추게 되어 1년 6개월이 되면 라임(rhyme: 운율을 뜻함, 예: 도리도리)이나 찬트(chant: 간단한 리듬꼴의 2~3음을 반복하는 읊조림에 가까운 노래, 예: 아침바람), 간단한 전래동요의 활용이 가능해진다.

2) 2~3세

만 2세의 영아는 이제까지의 경험과 성인의 도움을 받아 주위에서 들을 수 있었던 노래를 배우기 시작한다. 이 시기는 영아의 가창력 발달에 매우 중요한 시기로, 더듬더듬하던 노래를 제법 정확한 리듬을 갖고 부르게 된다. 이 시기에는 노래 부르기를 좋아하고 놀이를 하면서 자발적으로 노래 부르기가 나타난다. 노래를 완전히 부르지는 못하지만, 노래 듣기를 즐기고 노래를 따라 부르려 한다. 말놀이 식의 즉흥적인 노래 부르기를 하며 여럿이 함께 부를 때에는 맞춰 부르는 것이 어렵기 때문에 자기 마음대로 부른다. 음정이 5도나 6도를 넘으면 정확하게 표현하기가 어려워 제멋대로 고쳐 부르는 경향이 나타난다.

3) 3~4세

만 3세에서 4세의 유아는 1,000개가 넘는 단어를 알고 문장을 구사하며, 정확한 문법구조에 관심을 보이며 정확한 발음이 가능해진다. 이 시기에는 목소리를 조금 더 통제할 수 있고, 음의 높낮이, 강도, 속도 등을 잘 변화시키며, 제한된 음역에서 노래를 비교적 정확하게 부를 수 있게 된다. 또한 간단한 멜로디를 만들 수 있고 친숙한 곡에 노랫말을 만들어 부를 수 있다.

4) 4~5세

언어적으로 많은 사물, 행동의 이름을 익히고, 좀 더 복잡한 문장을 구사하며, 1,500개에서 1,800개의 단어를 사용한다. 여러 개의 복잡한 문장을 이해하고, 간단한 글을 읽을 수 있게 된다. 이 시기는 노래의 음악적인 면을 표현하거나 노래의 강약과 속도에 주의하면서 노래 부르기를 시작하는 단계다. 조금 더 넓은 음역 안에서 정확한 리듬과 높낮이로 노래를 부를 수 있고, 음정에 대한 기억력의 발달로 음정을 비교적 정확하게 구사할 수 있게 된다. 자신이 좋아하는 노래를 갖게 되며 혼자 부르기, 대그룹으로 부르기가 모두 가능하다.

2. 유아에게 적합한 노래

유아에게 노래를 가르치기 위해서는 먼저 유아에게 적합한 노래를 선정해야 한다. 노래를 선정하기 위해서는 유아의 전반적인 발달과 교육적인 측면이 모두 고려되어야 한다. 유아에게 적합한 노래를 선정하기 위해 유아의 발달 수준에 적절한 음역, 조성, 박자, 형식 등을 고려하고, 노래의 내용도 고려하여야 한다.

1) 유아에게 적합한 음역의 노래는 너무 넓지 않고 편안하게 부를 수 있는 범위의 음역을 가진 노래다

중앙 도(C)에서 라(A) 사이의 음역을 지닌 노래가 부르기에 적합하며, 연령에 따라 음역이 다른데, 연령이 높아짐에 따라 음역이 확대되지만 개인차가 있다. 따라서 가능하면 충분 음역 안에 있는 곡을 선택한다. 또한 유아는 낮은 음에서 높은 음으로 올라가는 노래보다 높은 음에서 낮은 음으로 내려오는 노래를 더 쉽게 부르며, 노래의 시작 음이 고음역일 경우 첫 음을 내기 힘들어 하므로 노래의 시작은 저음역이나 중음역이 좋다(김명순, 조경자, 2001; 이영자, 이기숙, 이정욱, 1999; Young & Glover, 1998).

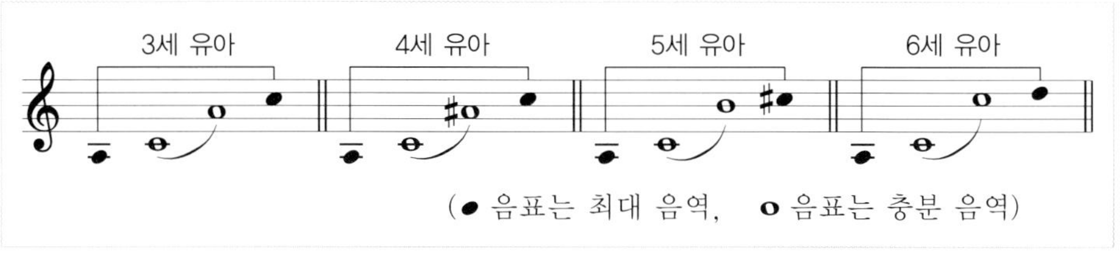

2) 유아에게 적합한 조성은 다장조이며, 연령이 높아짐에 따라 약간씩 복잡한 조성을 경험하게 함으로써 조성의 차이를 체득하게 한다

대체로 장조는 밝고 건강한 느낌을 주고, 단조는 어둡고 감상적으로 흐르는 느낌을 주는데, 유아는 조성에 따라 음악의 분위기를 느낄 수 있다(방자현, 2006).

3) 유아가 잘 반응하는 박자는 2/4박자, 4/4박자, 빠른 6/8박자의 순이며, 3/4박자는 다소 어려움을 느낀다

대체로 2박자, 4박자계의 노래(예: 숲속의 음악가)는 신나고 생동감이 있지만 3/4박자, 6/8박자의 노래(예: 낙엽)는 부드럽고 서정적이므로 다양하게 제공하는 것이 좋다(장은주, 2010).

4) 유아에게 적합한 노래의 형식은 한도막 형식(8마디)이나 작은 세도막 형식(12마디) 그리고 16마디 이내가 적합하다

큰 악절을 반복하는 형식이 있는 곡(예: 그러면 안 돼)은 다소 길더라도 익히거나 부르는 데 큰 어려움이 없어 연령에 따라 24마디까지도 가능하다.

5) 유아에게 적합한 노래의 내용은 유아의 경험과 관련되고, 유아가 쉽게 이해할 수 있어야 한다

노랫말이 아름답고, 문학적 구성과 표현 면에서 가치가 있어야 하며, 반복적이고 즐거움을 줄 수 있는 것이 좋다(김혜진, 2013). 유아가 선호하는 노래의 내용은 다음과 같다(김소향, 안경숙, 2006; 심성경, 이희자, 이선경, 김경의, 이효숙, 박주희, 2004).

- 이야기가 있는 노래
  –아기 새의 눈물, 춥지 않을까? 배고프지 않을까?, 허수아비, 나뭇잎 등
- 유아 자신과 관련된 노래(이름을 넣어서 부를 수 있는 노래 또는 유아 자신의 감정과 관련된 노래)
  –보고 싶었죠, 앵두, 오래간만입니다, 내 마음이 기쁘단다, 나는 기쁘다 등
- 유아의 친근한 일상을 다루고 있는 노래

- −손을 씻어요, 냠냠, 집에 갈 시간, 치우는 시간, 맛있는 간식 등
- 유아의 주변 사람들에 관련된 노래(가족, 친구)
  −사랑해요, 옛날 이야기, 꾹 참았네 등
- 행사나 계절에 관한 노래(생일, 소풍)
  −즐거운 소풍길, 기쁨을 주는 생일, 김장, 어린이날 등
- 움직임이나 손유희가 있는 노래
  −나는 콩, 코끼리와 거미줄 등
- 반복되는 단어, 의성어나 의태어가 있는 노래
  −내가 먼저 가야 해요, 유치원에 갑니다, 수박 파티, 간다 간다 등
- 재미있거나 우스운 말이 있는 노래
  −토마토, 뽕나무, 그러면 안 돼 등

이외에도 유아는 묻고 답하는 형식의 노래와 노랫말이 반복되는 노래를 좋아한다.

3. 노래 부르기 교수 방법

노래 부르기는 유아교육기관에서 매일 이루어지는 활동으로, 집단 활동뿐 아니라 자유선택활동 등과 같은 개별 활동에서도 이루어질 수 있다. 유아가 일상에서 자연스럽게 경험한 노래도 부르지만, 유아의 놀이 및 일상 경험과 관련된 새노래 지도 활동을 통해 유아의 놀이를 지원하거나 일상 경험에 대한 학습을 지원할 수 있다.

1) 노래 부르기 지도 방법

일반적으로 노래 부르기를 지도하는 방법에는 전체 노래 지도 방법과 구절법 그리고 결합노래 방법이 있다. 전체 노래 지도 방법(whole-song teaching method)은 노래의 전체를 끊지 않고 처음부터 끝까지 여러 번 반복하여 불러 보면서 노래를 익히는 방법이다. 구절법(phrase-by-phrase teaching method)은 한 마디나 두 마디씩 끊

어서 교사가 부르고 유아가 따라 부르게 하여 노래를 익히는 방법이다. 유아를 위한 노래는 대부분 길지 않으며, 나누어 부르면 노래의 흐름이나 분위기를 익히기가 어려우므로 전체 노래 지도 방법이 적합하다. 그리고 결합노래 방법(combination whole-song, phrase-by-phrase teaching method)은 전체 노래 지도 방법으로 가르치면서 어려운 부분은 따로 떼어서 구절법처럼 가르치는 방법으로, 유아를 위한 새노래 지도 방법으로 활용할 수 있다. 계획적인 새노래 부르기의 일반적인 지도 방법은 다음과 같다.

(1) 도입

① 노래에 대한 동기유발을 위해 다양한 방법으로 노래를 소개한다.

노래의 내용과 관련하여 이야기 나누기, 짧은 이야기, 수수께끼 등을 제시하여 유아가 노래에 흥미를 가질 수 있도록 한다. 이때 교사는 유아의 흥미를 유발할 수 있도록 다양한 교수매체(실물 자료, 그림 자료, 입체 자료, 손인형 등)를 활용한다.

(2) 전개

① 교사가 노래를 불러 준다.

노래의 분위기와 감정을 살려서 교사의 육성으로 반주를 사용하지 않고 자신감 있게 불러 준다. 노래 지도 전에 교사는 노래의 가사와 음을 정확하게 외우고 감정을 풍부하게 표현할 수 있도록 노래를 충분히 익히는 것이 필요하다.

② 피아노로 멜로디만 들어 본다.

③ 한 가지 소리(랄랄라, 아아아, 우우우 등)로 부르면서 멜로디를 익힌다.

④ 노랫말을 소개한다.

다양한 노랫말 자료를 활용하여 노랫말을 소개한다.

노랫말 자료 제작 시 고려할 점

1. 노랫말 자료는 노래의 특성에 따라 다양한 형태로 제작하여 유아의 흥미를 유발한다.

2. 유아가 노랫말을 쉽게 익힐 수 있도록 발달 수준에 적합한 글자와 그림 및 기호를 적절하게 활용하여 제작하며, 글자로만 제작된 자료는 바람직하지 않다.
   –만 3세의 경우에는 그림이나 기호를 활용한 자료가 바람직하다.
   –만 4세의 경우에는 약간의 글자를 첨부할 수 있다.
   –만 5세의 경우에는 좀 더 많은 글자 활용이 가능하다.

3. 노랫말을 제시할 때 한꺼번에 노랫말을 적어 제시하기보다는 띠 형태로 제작하여 순차적으로 노랫말을 제시하면 유아가 노랫말을 익히기 수월하다.

4. 노랫말을 띠 형태로 제시할 경우, 띠 안의 그림 및 기호 자료는 따로 제작하여 붙였다 떼었다 할 수 있도록 한다. 또한 띠의 크기와 띠 안에 들어가는 내용은 노래의 전체 박자와 각 마디별 박을 생각하여 제시한다.

5. 융판, 자석판, 삼각대 등 어디에 제시하든지 보기에 정렬이 되도록 제시한다.
   –띠의 기본 형태(예: 네모) 없이 그림, 기호, 글자만 따로 오려서 제시하면 보기에 정렬이 되기 어렵기 때문에 효과적이지 않다.

6. 그림을 사용할 때에는 노랫말과 연결되는 그림을 사용한다.

7. 1절 이상의 자료를 동시에 제시하지 않는다.

8. 글자는 정자체로 제시하여 알아보기 쉽게 하는 것이 바람직하다.

⑤ 다양한 방법으로 나누어 부른다.

처음에는 유아가 노래의 일부분(반복되는 부분, 의성어나 의태어가 있어 기억하기 쉬운 부분)만 부르고, 교사가 대부분을 부른 후 다양한 방법으로 나누어 부른다. 교사와 유아가 나누어 부르거나 유아들을 다양한 방법으로 그룹으로 나누어 교대로 부를 수도 있다. 교사와 유아가 나누어 부를 때에는 쉬운 부분은 유아가, 어려운 부분은 교사가 부르도록 한다. 나누어 부르기를 할 때에는 유아들이 나누어 부르는 부분을 쉽게 인식할 수 있도록 노랫말 자료에 표시(노랫말 띠 자료의 배지 색상을 다르게 하기, 유아들이 부를 부분에 스티커로 표시하기)를 하는 것이 바람직하다.

⑥ 다 함께 부른다.

유아가 흥미를 유지하며 노래를 부를 수 있도록 다양한 방법을 활용한다. 교사가 준비한 교수 자료를 활용하여 부르기, 다양한 악기를 활용하여 부르기, 노랫말을 바꾸어 부르기, 속도나 크기에 변화를 주어 부르기, 일부 가사에 간단한 동작하기 등 다양하고 창의적인 방법으로 노래를 익히도록 한다. 한 번에 새노래를 완벽하게 익히도록 강요하는 것은 바람직하지 않다. 반복적인 노래 부르기를 통해 어느 정도 노래에 익숙해지면 이후 다른 활동 시간에 반복적 경험을 통해 자연스럽게 익히도록 한다. 또한 1절 이상의 노래인 경우에는 1, 2절의 노래가 한 가지 흐름으로 연결되는 경우가 아니라면, 첫 시간에는 1절만 소개하여 충분히 익힌 후 다음 시간에 2절을 소개하는 것이 바람직하다. 동작을 제시하는 경우도 첫 시간에 전체 노래의 동작까지 소개하는 것보다는 노래를 충분히 익히도록 반복적 노래 부르기 경험을 한 후에 동작을 제시하는 것이 바람직하다.

(3) 마무리

① 활동에 대한 생각과 느낌을 이야기 나눈다.

② 노래를 배울 때 사용했던 노랫말 자료와 교수 자료를 음률 영역에 제공하여 유아가 개별적으로 노래 부르기를 즐길 수 있도록 한다.

2) 교사의 역할

교사의 역할을 구체적으로 살펴보면 다음과 같다.

(1) 노래를 부를 때 교사는 항상 유아와 눈을 마주하고 부른다

교사가 노래를 부르면서 유아와 눈을 맞추면 노래의 느낌과 분위기를 효과적으로 전달할 수 있게 된다. 그러므로 노래를 부를 때에는 벽 쪽을 바라보는 피아노 반주보다는 디지털 키보드, 기타, 우쿨렐레 등을 활용하여 반주하거나 반주 없이 부르는 것이 적절하다.

(2) 노래 부르기는 특정 시간에만 경험하는 것이 아니라 매일의 일과에서 경험할 수 있도록 한다

집단 활동 전 · 후에 노래 부르기, 자유놀이 시간이나 일상생활 시간에 녹음 자료로 노래 들려주기, 실외 놀이 시간이나 견학을 위한 이동 시 노래 부르기 등을 실시한다.

(3) 즐거운 마음으로 노래 부르기에 참여하도록 지도한다

대부분의 유아가 노래 부르기를 즐기나 모든 유아가 항상 즐거워하는 것은 아니므로 노래 부르기를 강요하기보다는 자연스럽게 참여하도록 유도하는 것이 바람직하다. 또한 무조건 큰 소리로 씩씩하게 부를 것을 강요하거나 정확한 음정과 박자에 치중하여 반복 · 연습시키는 것은 지양하여야 한다.

(4) 악기 반주 없이 배웠던 노래를 다시 불러 볼 때는 마지막 2소절 정도를 전주로 시작할 수 있도록 '랄랄라'로 불러 주는 것이 좋다

'하나 둘 셋 넷'이나 '시-시 시작' 같은 사인으로 시작하게 되면 시작하는 시점과 음을 정확히 알 수 없어 바람직하지 않다. 마지막 2소절을 전주처럼 '랄랄라'로 불러 주면 시작하는 시점과 음을 보다 정확하게 인지할 수 있어 효과적이다.

4. 노래 부르기 교육계획안의 예

<table>
<tr><td>활동명</td><td>꽃샘바람</td><td>활동 유형</td><td>노래 부르기</td><td>음악적 요소</td><td>리듬, 멜로디</td></tr>
<tr><td>목표</td><td colspan="5">• 묻고 답하는 대화체의 노래를 통해 노랫말과 멜로디의 조화를 경험한다.
• 반복되는 리듬과 멜로디를 통해 음악적 즐거움을 느낀다.</td></tr>
<tr><td>누리과정 관련 요소</td><td colspan="5">• 아름다움 찾아보기
–자연과 생활에서 아름다움을 느끼고 즐긴다.
• 창의적으로 표현하기
–노래를 즐겨 부른다.</td></tr>
<tr><td>자료</td><td colspan="5">노랫말 자료, 피아노, 노래 CD 등</td></tr>
<tr><td colspan="6">활동 내용</td></tr>
<tr><td>도입</td><td colspan="5">1. '노랫말 자료 중 나무 모양'을 보여 주며 주의를 집중한다.
• "이게 무슨 나무일까?"
• "여기서 꽃잎들이 깨어난대. 어떻게 깨어나는지 알아볼까요?"

2. 노랫말을 자료로 도입한다.
• 봄이 왔는데 아직 나무에는 꽃이 하나도 피지 않았어요. 그때 꽃샘바람이 찾아와서 꽃잎을 깨웠어요. 뭐라고 깨웠을까요?
• "일어나요, 일어나요" 그러자 목련꽃잎이 하얀 얼굴을 내밀며 대답했어요. "알았어요, 알았어요, 지금 나가요."</td></tr>
<tr><td>전개</td><td colspan="5">3. 교사가 노래를 불러 준다.
• 노래에서 어떤 꽃이 나왔니?
• ○○꽃을 누가 깨웠니?
• 봄이 왔다고 알려 주는 노래가 있는데 한번 들어 볼까?
• 선생님이 불러 볼게. 누가 봄이 왔다고 알려 주는지 들어 보자.

4. 피아노 음을 들어 본다.
• 선생님이 피아노로 '꽃샘바람'을 쳐 볼게. 어떤 음으로 되어 있는지 들어 보자.

5. 한 가지 소리로 부른다.
• '꽃샘바람'을 한 가지 소리로 부를 텐데 어떤 소리로 불러 보면 좋을까?
• 유아의 의견을 반영하여 한 가지 소리로 2~3번 부른다.

6. 노랫말 자료를 보며 노랫말을 알아본다.
• 이 노래에는 어떤 계절이 왔니? (봄)
• 누가 봄을 가져왔을까? (꽃샘바람)
• 꽃샘바람이 꽃잎에게 뭐라고 했니? (일어나요, 일어나요, 봄이 왔어요)</td></tr>
</table>

전개	• 어떤 꽃이 대답했니? (목련) • 목련꽃이 뭐라고 대답했니? (알았어요, 알았어요, 지금 나가요) 7. 다양한 방법으로 나누어 부른다. • 이 노래를 어떤 방법으로 나누어 불러 볼까? • 교사와 유아, 유아와 유아가 서로 주고받는 형식으로 노래를 부른다. (예: 교사가 꽃샘바람, 유아가 목련꽃 등) • 이번에는 어떤 방법으로 불러 볼까? 8. 다 함께 부른다. • 다 함께 처음부터 끝까지 불러 보자. • 목련 꽃잎 말고 또 어떤 꽃이 얼굴을 내밀었을까? • 이 곡을 만드신 김진영 선생님은 2절을 개나리로 만드셨단다. • 3절은 어떤 꽃일까? • 너희가 만약 4절을 만든다면 어떤 꽃으로 만들고 싶니?
평가 및 마무리	9. 활동에 대한 생각과 느낌을 이야기 나눈다. • 이 노래의 어느 부분이 가장 좋았니? • 꽃과 꽃샘바람 역할을 정해서 노래를 부른 것은 어땠니? 10. 다음 활동으로 전이한다. • "다음은 점심시간이야. 해당되는 사람은 줄을 서서 손을 씻으러 가자." • "먼저, 개나리처럼 노란 옷을 입은 사람은 일어나서 줄을 서자." • "나는 목련처럼 하얀 옷을 입었어요. 하는 사람은 일어나서 줄을 서자."

꽃샘바람

김진영 작사
김진영 작곡

활동 자료

노래의 기본 자료

1절 자료(목련)

2절 자료(진달래)

3절 자료(개나리)

교수학습을 위한 제언

1. 교사가 제작한 노랫말 자료를 찾아 평가해 보세요.
2. 동요 '허수아비 아저씨' 노래의 노랫말 자료를 만든다면 어떤 방법으로 만들 수 있을지 토의해 보세요(부록: p. 238 참고).

제5장

악기 다루기

유아는 소리 나는 물건에 대해 매우 흥미 있어 하고, 기회가 있을 때마다 도구를 사용하여 자발적으로 소리와 리듬을 탐색한다. 유아는 악기를 다루면서 다양한 음색을 경험하고, 대소근육을 발달시키며, 스스로 만들어 내는 소리와 리듬을 통해 즐거움을 느낀다. 악기는 유아의 청각적 변별력을 키워 주며 음색을 발견하는 데 결정적인 도움을 준다(안재신, 2004). 또한 악기 다루기는 리듬에 대한 경험을 직접 할 수 있게 해 주고, 유아의 신체 욕구를 충족시켜 주며, 노래 부르기 활동처럼 유아가 자신의 내면 세계, 즉 느낌이나 정서, 심정을 악기라는 매체를 통하여 표현할 수 있다는 점에서 가치 있는 활동이다(이지연, 2013).

유아는 자연스러운 탐색을 통해 악기에 대해 많은 것을 학습할 수 있으며, 악기 연주는 유아의 집중력과 직감력, 신체운동을 발달시켜 자신의 생각을 나타내는 표현력을 높이게 하고, 이러한 능력은 유아의 감각 발달을 통해서 이루어진다고 볼 수 있다. 그러므로 유아는 감각 훈련, 즉 보고, 듣고, 느끼고, 만져서 식별하는 힘을 키워야 한다. 또한 악기로 연주할 때에는 놀이로 경험하게 하는 것이 중요하다. 이러한 과정을 통해 악기 소리의 크고 작음을 경험하고 소리의 길고 짧음을 구분할 수

있는 리듬 학습을 하며, 다양한 방법으로 생각과 느낌을 표현할 수 있는 기회를 갖게 된다.

이 장에서는 악기 다루기와 관련된 유아의 발달에 대해 알아보고, 유아에게 적합한 악기의 종류에 대해 살펴보고자 한다. 그리고 유아에게 적합한 악기 다루기 교수방법을 소개하고, 이와 관련된 악기 다루기 교육계획안의 예시를 제시하였다.

1. 악기 다루기와 유아의 발달

악기 다루기는 영유아의 연령에 따른 발달 단계와 밀접한 관련이 있으며, 특히 눈과 손의 협응력과 같은 신체 발달과 연관된다. 영유아기 동안의 악기 다루기와 관련된 발달을 살펴보면 다음과 같다(박순희, 2011; 임혜정, 2004; 최지원, 2009; 하정희 외, 2010; Campbell & Scott-Kassner, 2013).

1) 2세 미만

생후 6개월에서 1년 사이에는 소근육이 발달하기 시작하여 딸랑이 등 소리 나는 장난감을 스스로 가지고 놀면서 악기에 대한 탐색을 시작할 수 있다. 이때 가정에 있는 소리를 낼 수 있는 생활용품(냄비 뚜껑이나 숟가락 등)에 흥미를 느끼고 소리 나는 장난감을 좋아한다. 18개월 이후에는 눈과 손의 협응력이 보다 발달하고 소리를 만드는 특별한 사물을 찾고자 한다. 또한 성인과 함께 놀 때 리듬과 박자를 모방하고자 하며 리듬 악기로 박자를 맞추기도 한다.

2) 2~3세

리듬 악기와 멜로디 악기에 대한 흥미가 증가하고 간단한 리듬이나 박자에 따라 악기를 다룰 수 있게 된다.

3) 3~4세

단순한 리듬 패턴에 맞추어 손뼉을 칠 수 있고, 간편한 리듬 악기를 비교적 어려움 없이 다룰 수 있다. 악기를 사용하여 자신의 음악을 창조하는 데 강한 흥미를 보이기도 한다.

4) 4~5세

규칙적으로 정해진 박에 맞추어 보다 정확하게 박자를 맞출 수 있고, 다양한 리듬 패턴을 모방할 수 있으며, 여러 가지 리듬 악기를 사용하여 연주할 수 있다.

2. 유아에게 적합한 악기의 종류

2019 개정 누리과정 중 예술경험 영역을 살펴보면, 창의적으로 표현하기 내용범주 안에 '신체, 사물, 악기로 간단한 소리와 리듬을 만들어 본다.'라고 제시되어 있다. 유아들이 자신의 신체와 다양한 사물, 그리고 악기를 통해 소리를 탐색하고 연주하는 기쁨을 경험하도록 도와주는 것이 필요하다.

1) 신체 악기

우리의 몸도 악기와 같이 다양한 소리를 낼 수 있다. 신체가 일반적인 악기는 아니지만, 유아가 악기를 다루기 전에 신체 악기로 좀 더 쉽게 리듬을 탐색할 수 있게 한다. 노래를 부르거나 음악을 들으면서 손뼉치기, 발구르기, 무릎치기 등을 통해 박자를 맞추는 활동은 악기 활동의 기본 활동이 될 수 있다. 신체악기는 연령이 낮은 유아의 경우 신체 악기를 사용할 때 일반 악기를 사용할 때보다 쉽게 박자를 맞출 수 있으므로 일반 악기를 제공하기 전에 신체 악기를 활용하는 것이 바람직하다.

2) 일반 악기

악기의 종류는 전 세계적으로 수없이 많으며 유아기에는 다양한 악기를 여러 가지 방법으로 경험하는 것이 바람직하다. 그러므로 연주만을 위한 악기를 제공하기보다는 우리나라 전통 악기, 서양 악기를 비롯하여 다른 나라의 민속 악기(카바사, 카림바, 젬베 등)에 이르기까지 다양하고 폭넓은 경험을 직·간접적으로 할 수 있어야 한다. 악기는 일반적으로 음의 높낮이와 화음 등을 낼 수 있는지 없는지에 따라 리듬 악기, 멜로디 악기, 하모니 악기로 나눌 수 있다.

(1) 리듬 악기

리듬 악기는 음의 높낮이 없이 악센트와 다양한 음색을 산출하는 악기다. 유아를 위해 제시할 수 있는 리듬 악기로는 탬버린, 캐스터네츠, 트라이앵글, 리듬 막대, 우드 블록, 톤 블록, 마라카스, 셰이커, 북, 손가락 심벌즈, 핸드드럼, 레인스틱, 귀로, 방울 등이 있으며, 장구, 북, 소고, 징, 꽹과리와 같은 우리나라 리듬 악기도 있다. 이러한 리듬 악기는 다양한 재질(나무, 금속, 가죽, 플라스틱 등)과 다양한 형태(둥근 탬버린과 막대 탬버린 등)로 제작된 것을 제공하며, 연주 방법(치기, 두드리기, 흔들기, 긁기 등)도 다양하게 제공해 주면 좋다. 리듬 악기는 연주 방법이 쉽고 다양하여 연주하는 즐거움을 경험할 수 있으므로 유아의 신체적 발달과 인지적 발달을 고려할 때 리듬 악기부터 경험하고 연주하는 것이 적절하다.

캐스터네츠(치기)

북(두드리기)

탬버린(흔들기)

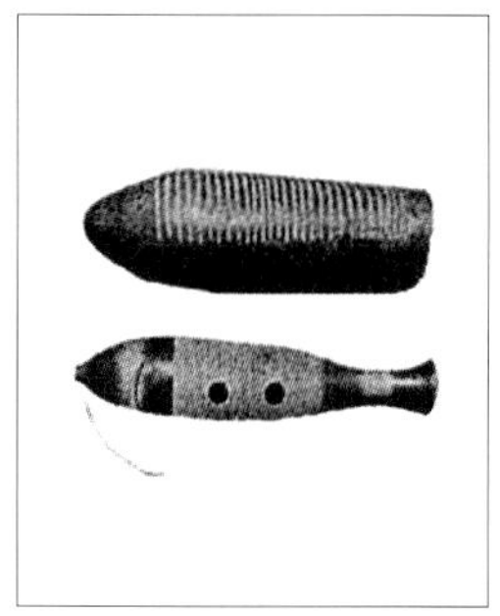

귀로(긁기)

(2) 멜로디 악기

멜로디 악기는 각 음이나 멜로디를 연주하기 위해 일정한 음의 높낮이를 내는 악기다. 멜로디 악기는 음의 높낮이에 대한 개념 발달을 돕는 데 활용할 수 있다. 멜로디 악기에는 실로폰, 멜로디언, 공명바, 핸드벨 등이 있다. 이 중 공명바나 핸드벨은 분리하여 연주할 수 있어 음의 높낮이를 쉽게 비교할 수 있고, 유아의 음의 높낮이에 대한 개념 발달에 도움을 줄 수 있다. 반면, 멜로디언은 공기 주입 호스를 입에 물고 바람을 넣으며 동시에 건반을 쳐야 하는 여러 능력의 협응이 요구되는 악기이므로 유아에게는 적합하지 않으며, 위생적 측면에서도 공동으로 사용하기에 적합하지 않다.

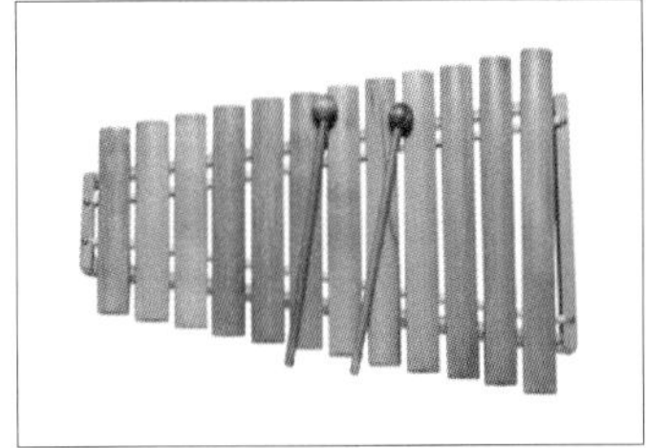

실로폰

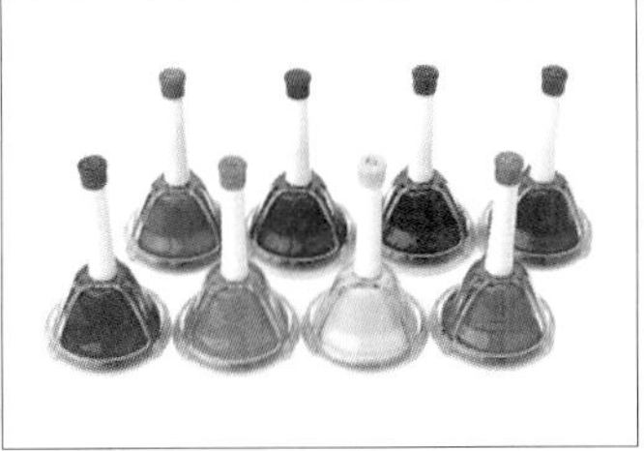

핸드벨

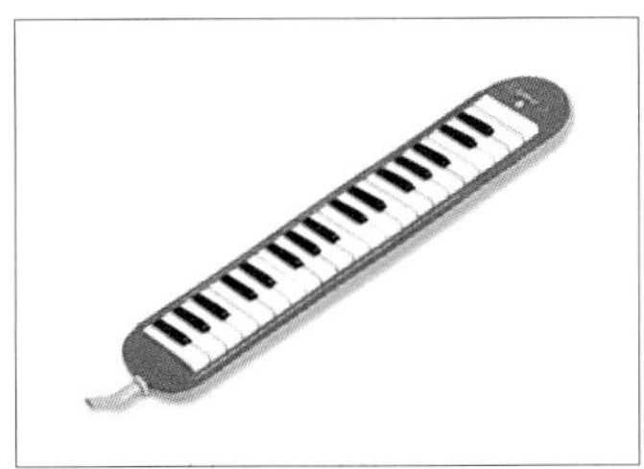

멜로디언

(3) 하모니 악기

하모니 악기는 여러 개의 음을 동시에 내어 멜로디를 반주하고 화음을 내는 악기다. 피아노, 기타, 우쿨렐레, 아코디언, 오토하프 등이 있으며, 이런 하모니 악기는 유아가 연주하기보다는 교사의 연주나 탐색을 통해 경험하도록 할 수 있다.

우쿨렐레

피아노

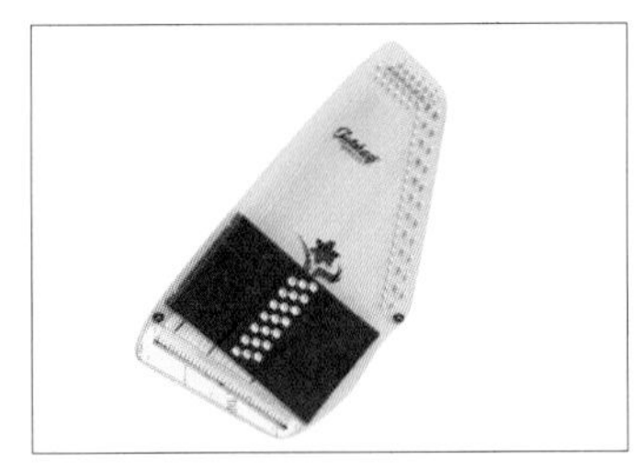

오토하프

3) 재활용품 악기와 일상생활용품 악기

일반적인 악기 외에도 재활용품이나 일상에서 사용하는 생활용품을 악기로 활용하거나 다양한 재료를 활용하여 만든 악기를 사용할 수도 있다. 또한 유아가 직접 악기 만들기에 참여할 수도 있다.

가정에서 사용하는 생활용품 중에는 악기처럼 다양한 소리를 내는 물건이 많이 있다. 열쇠, 슬리퍼와 같은 물건이나 국자, 숟가락, 냄비 뚜껑과 같은 부엌용품은 유아에게 소리를 탐색하게 하는 좋은 자료가 되며, 악기연주에도 사용될 수 있다. 또한 가정에서 흔히 볼 수 있는 페트병, 병뚜껑, 분유통, 생수통, 깡통 등도 악기로 활용할 수 있고, 악기 만들기의 재료가 될 수 있다. 유아가 간식 시간에 마신 요구르트병을 씻어 작은 단추나 콩 등과 같은 곡식을 넣어 마라카스를 만드는 활동과 같이 직접 악기를 만드는 활동은 소리에 대한 관심을 이끌어 내며, 소리를 탐색하는 기회를 제공하고, 창의적 사고를 확장시키므로 가치 있는 활동이다. 이와 같은 맥락에서 교사가 영유아의 흥미에 적합한 악기를 제작해서 제공한다면 유아의 흥미를 유발하고, 다양한 악기의 재료에 관한 탐색의 기회 및 창의적 사고의 확장에도 영향을 줄 수 있다. 창의적으로 악기를 제작할 때에는 유아의 흥미를 끄는 매력적인 모양도 중요하지만, 그보다 더 중요한 것은 적절한 소리가 나는 것이다. 즉, 물체가 지니는 음색을 고려하여 악기로서의 역할을 할 수 있도록 주의하여 제작한다. 다음은 교사가 영유아의 흥미를 고려하여 제작한 악기의 예를 제시하였다.

우유병으로 만든 호랑이 작은북

분유통으로 만든 나비 북

빨래판과 주걱으로 만든 눈사람 귀로

우유병에 곡식과 작은 철사를 넣고 백업에 연결시켜 목에 걸고 연주할 수 있는 여우 마라카스

분유 보관통을 활용한 동물 마라카스

사탕통으로 만든 레인스틱

각각의 깡통 안에 나무 막대, 빨대, 병뚜껑을 붙여 돌려서 연주하는 동물 귀로

탬버린을 활용한 이 닦는 모습의 귀로

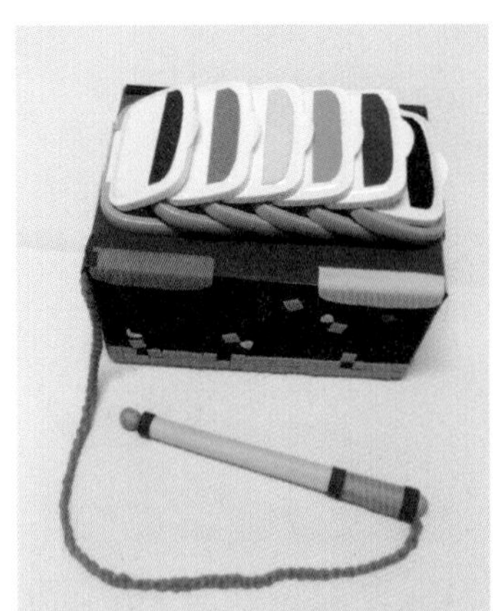

물티슈 뚜껑과 티슈 상자를 활용한 귀로

노래의 내용에 맞게 제작한 악기 세트

3. 악기 다루기 교수 방법

악기 다루기는 주로 흥미 영역 내 음률 영역에서 자유롭게 악기를 탐색하거나 연주하는 활동으로 이루어진다. 교사는 유아의 놀이 및 일상 경험과 관련된 악기 활동을 통해 유아의 놀이를 지원하거나 일상 경험에 대한 학습을 지원할 수 있다.

1) 악기 탐색하기

악기를 연주하기 전에 악기를 탐색할 수 있도록 한다. 악기에 대한 탐색을 통해 악기에 대한 지식과 소리, 음에 대한 개념 및 소리가 만들어지는 현상에 대한 이해를 발달시킬 수 있다. 악기 탐색을 위해 교사는 유아에게 먼저 악기의 이름과 사용 방법을 알려 주기보다는 모양과 소리를 직접 탐색해 보도록 충분한 시간을 허용한다. 악기를 가지고 다양한 방법으로 소리를 내 보고 악기에 대한 경험을 나누도록 한다. 악기 탐색을 돕기 위해 교사는 "이 악기의 모양은 어떻니?" "만졌을 때 느낌은 어떻니?" "어떻게 하면 소리를 낼 수 있을까?" "어떤 소리가 났니?" "다른 방법으로 소리를 낼 수 있을까?" 등의 질문으로 언어적 상호작용을 한다. 악기 탐색은 그룹 시간뿐 아니라 유아가 개별적으로 충분한 탐색이 이루어지도록 놀이시간 중 음률 영역에서 자유롭게 탐색할 수 있도록 한다.

〈악기 탐색과정에서 사용할 수 있는 노래〉

무슨 소리일까

무슨 소리 들릴까

2) 악기 연주하기 지도 방법

곡이나 노래에 맞추어 악기를 연주하는 방법에는 익숙한 음악을 듣거나 아는 노래를 부르며 자유롭게 연주하기, 노래나 곡의 특정 부분만을 연주하는 부분 연주하기, 유아들이 곡이나 노래를 분담하여 나누어 연주하는 분담 합주하기 등이 있다. 악기 연주 활동은 대집단이나 소집단으로 이루어질 수도 있지만 놀이시간에 자유롭게 이루어질 수도 있다. 계획적인 악기 연주하기의 일반적인 지도 방법은 다음과 같다.

(1) 도입

① 악기연주를 위한 곡을 들어 보거나 노래를 불러 본다.

친숙한 곡을 들어 보거나 이미 배워서 불러 본 노래를 다함께 부른 후 이 곡이나 노래에 맞추어 연주할 것임을 알려 준다.

② 악기연주를 위한 악기를 소개한다.

연주할 악기를 소개하고 악기의 모양과 소리, 연주하는 방법 등에 대해 이야기 나눈다.

※ 연주할 악기를 유아들이 직접 정할 수도 있다. 유아들이 자유롭게 원하는 악기를 선택할 수도 있고, 연주할 곡이나 노래에 어울리는 악기를 선택할 수도 있다.

(2) 전개

① 악기연주를 위한 그림 악보를 제시하고 연주하는 방법에 대해 이야기 나눈다. 전체를 자유롭게 연주하는 경우에는 새노래 지도 시 제시하였던 노랫말 자료를 보며 자유롭게 연주할 수 있다. 부분 연주를 하거나 분담 합주를 할 때에는 어느 부분을 연주할 것인지, 어떤 부분에 어떤 악기가 적합할지에 대해 이야기 나눈다. 연주하는 부분에 그림으로 악기 표시와 연주 방법 표시를 한다.

② 그림 악보를 보며 신체로 연주한다.

악기로 연주하기 전에 신체로 악기연주하는 것과 동일한 부분을 연주한다. 손뼉치기, 무릎치기, 발구르기 등 신체로 노래 전체 또는 악기로 연주할 부분을 연주한다. 신체 연주는 악기보다 유아가 다루기 쉬워 악기로 연주하기 전에 연주 방법을 익히는 데 유용하다.

③ 악기를 나누어 준다.

신체 악기로 연주해 본 것을 악기로 연주할 것임을 알려 주고 악기를 전체 유아에게 나누어 준다. 합주를 위해 여러 가지의 악기를 사용할 경우에는 유아가 원하는 악기를 선택할 수 있도록 한 가지 악기씩 차례로 나누어 준 후 같은 악기별로 모여 앉을 수 있도록 한다. 대집단 수업일 경우, 교사가 직접 나누어 주기보다는 유아 중 두세 명이 바구니별로 정리된 악기를 나누어 줄 수 있도록 하면 빠른 시간에 악기를 나눌 수 있으며 혼잡을 피할 수 있고 앉아 있는 유아들의 소외되는 시간도 줄일 수 있어 효과적이다.

④ 그림 악보를 보며 악기로 연주한다.

그림 악보에 제시된 표시를 보며 악기를 연주한다.

⑤ 다양한 방법으로 연주한다.

악기를 바꾸어 연주하거나 연주 방법을 바꾸어 연주해 본다(예: 탬버린은 치기에서 흔들기로, 북은 두 손을 동시에 치기에서 번갈아 치기로). 또는 그림 악보에서 연주하는 부분을 바꾸어서 연주하거나 유아들을 그룹으로 나누어서 일부 유아들이 연주하는 동안 다른 유아들은 노래를 부른다.

(3) 마무리

① 악기를 정리한다.

② 활동에 대한 생각과 느낌을 이야기 나눈다.

③ 악기연주를 자유놀이 시간에 연계할 수 있도록 한다.

3) 교사의 역할

교사의 역할을 구체적으로 살펴보면 다음과 같다.

(1) 악기 연주를 하기 전에 유아가 개별적으로 악기를 탐색할 수 있도록 충분한 기회를 제공한다

악기를 다루는 과정을 교사 주도적으로 이끌거나 지나친 제한을 한다면 유아는 악기에 대한 흥미를 잃을 수 있다. 유아가 악기에 대해 흥미를 갖고 탐색할 수 있는 충분한 시간을 주는 것이 바람직하다.

(2) 처음에 악기를 제공할 때에는 한두 가지의 악기부터 제공하면서 점차 악기의 종류를 늘려 간다

새로운 악기를 접할 때 한꺼번에 여러 개의 악기를 제공하면 각 악기에 대한 충분한 탐색이 이루어지기 어려우며, 새로운 여러 가지의 악기를 다루는 것이 어려워 악기 탐색 이상의 음악 활동이 이루어지기 어렵다.

(3) 연주과정을 즐길 수 있도록 지도한다

유아의 악기 연주는 정확하게 연주하는 것을 강조하기보다는 다양한 연주 방법을 경험하고 연주과정을 즐길 수 있도록 지도하는 것이 바람직하다.

(4) 악기를 나누어 주거나 연주할 때에는 나누어 주는 방법과 사용규칙을 정한다

악기를 나누어 줄 때에는 혼잡하거나 소란해지지 않도록 나누어 주는 방법을 고려하는 것이 필요하다. 악기를 종류별로 바구니에 담아 한두 명의 유아가 나누어 주도록 한다. 처음에 악기를 받은 유아들에게 악기를 실험해 볼 수 있도록 허용한다. 어린 유아들일수록 악기를 만져보고 소리 내어 보고 싶어 하므로 탐색의 시간을 주는 것이 바람직하다. 다만 악기를 나누어 주기 전에 교사의 신호(손을 든다거나 다른 신호 소리로 표시)에는 악기를 내려놓기로 규칙을 정한다. 교사가 이야기하거나 다른 유아가 연주할 때에는 악기 소리를 내지 않기, 악기를 바르게 사용하기, 연주하지 않을 때는 내려놓기 등의 규칙을 정해서 지도한다.

(5) 여러 가지 악기를 사용할 경우 유아들이 서로 악기를 바꾸어 연주하는 기회를 갖는다

악기 연주에서 여러 가지 악기를 사용할 경우 가능하면 모든 유아가 다양한 악기를 경험해 보는 기회를 가질 수 있도록 계획한다.

4. 악기 다루기 교육계획안의 예

활동명	여섯 마리 오리	활동 유형	악기 다루기	음악적 요소	리듬, 박
목표	반복되는 의성어와 박에 맞춰 연주해 보면서 즐거움을 느낀다.				
누리과정 관련 요소	• 아름다움 찾아보기 –자연과 생활에서 아름다움을 느끼고 즐긴다. • 창의적으로 표현하기 –신체, 사물, 악기로 간단한 소리와 리듬을 만들어 본다.				
자료	• 리듬표시 자료, 리듬 악기(탬버린, 트라이앵글, 캐스터네츠, 우드블록, 귀로, 마라카스 등), 노랫말 자료				
활동 내용					
도입	1. '여섯 마리 오리' 노래를 부르며 주의를 집중한다. • 지난 시간에 배웠던 '여섯 마리 오리' 노래를 불러 보자. 2. 활동을 소개한다. • 오늘은 '여섯 마리 오리' 노래에 맞춰 악기연주를 해 보도록 하자.				
전개	3. 어떤 부분을 연주할지 정한다. • 어떤 부분을 연주하면 좋을까? 왜 그렇게 생각했니?				

<table>
<tr><td>전개</td><td>
• 다르게 생각하는 친구가 있니?
• 이 노래에서 반복되는 부분이 있니? 어디일까?
• 반복되는 '꽥꽥꽥' 부분에서만 연주를 해 보면 어떨까?

4. 리듬표시 자료를 보여 주고 신체로 연주한다.
• 리듬표시 자료와 노랫말 자료를 제시한다.
• 악기로 연주해 보기 전에 우리 몸으로 연주해 보자.
• 우리 몸으로 어떻게 연주할 수 있을까?
• 그래, 손뼉을 칠 수도 있고, 무릎을 칠 수도 있구나!
• 또 소리를 낼 수 있는 부분이 어디가 있을까?
• '꽥꽥꽥' 부분에서 손뼉치기를 하며 노래를 부르면 어떨까?
• 이번에는 어느 부분을 치면서 노래를 불러 볼까?

5. 노래와 어울리는 악기를 생각해 보고 정한다.
• 여기에 어떤 악기가 있니?
• 어떤 악기가 '꽥꽥꽥' 소리와 가장 잘 어울린다고 생각하니?
• 너희도 그렇게 생각하니? 다르게 생각하는 친구가 있니?
• 하나의 악기로 연주하는 것이 좋을까? 여러 개의 악기를 한 번에 연주하는 것이 좋을까?
• 유아의 의견을 반영하여 악기를 정한다.

6. 악기연주하기에 대한 약속을 이야기한다.
• 선생님이 악기를 나누어 주면 악기를 받은 사람은 어떻게 하면 좋을까?
• 악기연주가 시작되기 전에 악기 소리가 들린다면 듣는 사람의 기분이 어떨까?
• 어떻게 하면 악기 소리가 나지 않게 할 수 있을까?

7. 악기를 나누어 갖는다.
• 다 함께 악기연주를 할 때까지 악기 소리가 나지 않도록 조심해서 들고 있도록 하자.

8. 노래에 맞춰 유아가 자유롭게 연주한다.
• 선생님의 피아노 소리에 맞추어 연주하고 싶은 대로 자유롭게 연주해 보자.

9. 다양한 방법으로 부분 연주하기를 한다.
• 노래를 부르다가 '꽥꽥꽥'이라고 나오는 부분만 연주해 보면 어떨까?
• 이번에는 두 그룹으로 나누어서 A 그룹은 노래를 부르고, B 그룹은 악기로 연주해 보자.
• 악기를 바꿔서 연주해 보자(두 개 이상의 악기를 정했을 경우).
• 누가 앞에 나와서 연주해 볼까?
• 친구 앞에서 연주해 보니 기분이 어땠니?
• 친구가 악기연주를 하는 것을 보니 어떤 생각이 들었니?

10. 악기를 정리한다.
• 의자에 앉은 ○○이부터 바구니에 악기를 정리하자.
</td></tr>
</table>

평가 및 마무리	11. 활동에 대한 생각과 느낌을 이야기 나눈다. • 모두 악기연주를 잘해 주었어요. 오늘 '꽥꽥꽥'이란 노랫말의 리듬에 맞춰 연주해 보았는데 어땠니? • 우리가 연주한 악기 이외에 어떤 악기로 연주하면 더 재미있게 연주할 수 있을까? 12. 다음 활동으로 전이한다. • "다음은 실외놀이 시간이야. 선생님이 부르는 사람부터 줄을 서도록 하자." • (여러 개의 악기로 연주했을 경우) "저는 탬버린으로 연주했어요. 하는 사람 먼저 일어나자." • (한두 개의 악기로 연주했을 경우) 유아의 이름을 거꾸로 불러 줄을 설 수 있다.
유의점	
• 리듬 악기의 종류는 유아와 함께 정하는 것이 좋지만, 유아가 노랫말과 악기 소리를 비교하며 선택할 수 있는 감성을 기를 수 있도록 하면 효과적이다.	

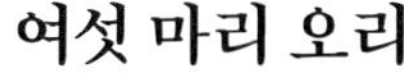

활동 자료

노랫말 자료

악기연주 자료

교수학습을 위한 제언

1. 유아교사가 다양한 악기를 연주할 수 있다면 어떤 측면에서 도움이 될까요?
2. 재활용품 악기와 일상생활용품 악기는 유아들에게 새로운 흥미를 갖게 합니다. 그 이유를 생각해 보세요.

제6장

음악 감상하기

음악은 듣는 것에서부터 시작되기 때문에 음악이 있는 곳에서는 감상이 항상 우선적으로 이루어져야 한다(안재신, 2004). 그러므로 음악 감상은 유아음악교육에 있어 가장 기본이 되며, 음악교육의 출발점은 음악 감상으로부터 시작된다고 할 수 있다(곽영숙, 2010). 음악 감상은 감상자가 음악에 대해 정서적, 지적으로 감상하고 반응하면서 특정한 느낌을 받고 표현 내용을 수용하는 역동적인 과정이다(이홍수, 1992). 음악 감상 활동을 통해 생득적으로 지니고 있는 유아의 잠재적인 음악적 능력을 계발하고, 유아의 생각이나 감정을 표현하고, 나아가 자신의 고유한 세계를 독창적이고 융통성 있게 표현할 수 있으며, 상상력 및 문제해결력 등을 기를 수 있다(곽영숙, 2010; 배희진, 2008; 송연아, 2001). 이와 같이 유아에게 음악 감상은 음악 활동의 기초이며, 유아로 하여금 소리에 대한 민감성과 음악적 감수성을 길러 주고, 음악적 능력을 계발시켜 주는 활동이다. 그러므로 음악 감상은 음악을 듣고, 즐기고, 음미하는 경험뿐 아니라 음악이 가지고 있는 미적 내용을 경험하고 이해하는 과정을 모두 포함한다. 따라서 음악 감상 활동은 다양한 소리를 적극적으로 탐색하고, 음악적 개념을 지각하는 과정을 통해 유아가 음악을 이해하고 즐기도록 하는 방향으로 나아가야 한다(곽영숙, 2010).

이 장에서는 음악 감상하기와 관련된 유아의 발달에 대해 알아보고, 유아에게 적절한 음악 감상의 내용에 대해 살펴보고자 한다. 그리고 유아에게 적합한 음악 감상 교수 방법을 소개하고, 이와 관련된 음악 감상하기 교육계획안의 예시를 제시하였다.

1. 음악 감상하기와 유아의 발달

사람의 오감 중 청각이 가장 먼저 발달하므로 태내에서부터도 음악을 들을 수 있다. 영유아기 동안의 음악 감상과 관련된 발달을 살펴보면 다음과 같다(박순희, 2011; 임혜정, 2004; 하정희 등, 2010; 황지애, 2012; Campbell & Scott-Kassner, 1995).

1) 2세 미만

신생아 때부터 이미 소리나 음악을 포함한 자극에 반응하며, 출생부터 4개월까지 영아는 음악의 종류에 따라 다르게 반응함으로써 음악에 대한 인식이 있음을 보여준다. 4~6개월에는 소리에 대한 강한 관심을 드러내며, 6~9개월에는 음악을 틀어주면 팔을 움직이는 동작을 하면서 만족감을 드러낸다. 9~12개월에는 소리와 음악에 관심을 갖고 소리를 모방하는 모습이 종종 나타나며, 12~18개월에는 자신이 싫어하는 음악과 좋아하는 음악에 대한 표현이 나타나기 시작하고, 2세에 가까워지면서 몸 움직임을 통해 음악에 적극적으로 반응한다. 이와 같이 어린 영아기에도 음악에 대한 선호를 표현하며 소리에 강한 관심을 보인다.

2) 2~3세

적극적으로 음악에 반응하고 음악에 맞추어 좀 더 자연스럽게 몸을 움직인다. 이 시기의 영아는 리듬이 분명한 음악을 좋아하고 노랫말이 있는 동요 등을 좋아한다.

3) 3~4세

음악 연주 시 집중할 수 있는 시간은 길지 않으나, 짧은 음악을 연주할 때에는 조용히 들을 수 있다. 연령이 높아질수록 음악에 대한 개방성이 점차 사라지고 고정화되는 경향이 있다. 따라서 아직 모든 종류의 음악에 개방적인 이 시기에는 다양한 종류의 음악을 들을 수 있는 기회를 제공해야 한다.

4) 4~5세

음악에 집중하는 시간이 길어지고, 자신이 들었던 음악적 경험에 대해 언어로 이야기 나눌 수 있는 능력이 확장되고, 음악을 들으려는 욕구가 증가하게 된다.

2. 유아에게 적합한 음악

유아의 감상 활동은 생활 속에서 자연스럽게 이루어져야 하며, 유아기에는 음악적 능력과 기호를 형성해 가는 시기이므로 교사의 관심 아래 주변 환경의 소리, 직접 연주되는 음악, 녹음된 음악 등 다양한 음악을 자주 들을 수 있도록 해야 한다. 또한 유아의 바람직한 음악적 경험을 위해 다양한 감상곡을 선택하는 것이 바람직하다(최지원, 2009).

1) 소리 듣기

다양한 소리를 들을 수 있는 기회를 제공하는 것은 청각 변별력과 소리에 대한 민감성을 키워 유아의 듣기 능력 발달에 도움이 된다. 그러나 아무 소리나 들려주는 것이 아니라 유아에게 친숙하고 경험과 관련 있는 소리를 제공하는 것이 유아에게 의미 있는 경험을 제공하게 된다. 유아가 탐색하고 들을 수 있는 소리의 유형은 다음과 같다.

- 신체에서 나는 소리
  - 휘파람 소리, 박수 소리 등
- 각종 사물이 내는 소리
  - 종이로 내는 소리, 가정이나 유아교육기관에 있는 생활용품으로 내는 소리(주방용품, 사무용품 등), 장난감 소리 등
- 생활 속에서 들을 수 있는 소리
  - 손 씻는 소리, 음식 만드는 소리, 화장실 물 내리는 소리 등
- 자연의 소리
  - 물소리, 동물 소리, 새소리, 바람 소리, 파도 소리, 천둥소리, 비 오는 소리 등
- 기계 소리
  - 세탁기, 전화기 등 생활기계에서 나는 소리, 자동차 등 교통기관의 소리
- 악기 소리
  - 리듬 악기, 멜로디 악기, 하모니 악기 등 다양한 종류의 악기 소리

2) 음악 감상

유아의 음악 감상을 위한 곡은 장르, 곡의 길이 및 내용, 음악적 개념 등을 고려하여 선택하는 것이 좋으며, 유아의 경험과 흥미를 반영하여야 한다.

- 다양한 장르의 음악
  - 고전 음악(예: 성악곡과 기악곡), 동요, 전통 음악(예: 민요, 국악연주곡), 종교 음악, 만화 주제가 등
- 연주 방식이 다양한 음악
  - 합창곡, 피아노 연주곡, 관현악 연주곡 등
- 음악의 구성이 다양한 곡
  - 빠른 곡과 느린 곡, 무거운 느낌의 곡과 경쾌한 곡 등

▶유아를 위한 감상곡으로 기악곡을 선택할 때 어떤 곡이든 선택할 수 있지만 '절대 음악' 보다는 '묘사 음악'이나 '표제 음악'으로 접근하는 것이 보다 효과적이다.

- 묘사 음악: 곡 중의 어떤 사물이나 장면을 표현하거나 외계의 사물과 어울리는 특정한 음악형태를 가지고 구체적으로 묘사하려 하는 음악으로 표제 음악의 하나이다. 감상자가 장면의 정경을 연상하기 쉬워 음악에 대한 흥미가 깊어지게 할 수 있다. 계절의 변천, 전원의 풍경소리(예: 시냇물의 흐느낌, 메아리 등), 다양한 교통기관의 소리, 동물 소리, 폭풍우 소리 등을 모방하고 있는 것들이 많다(예: 요나슨의 '뻐꾹 왈츠', 아일렌베르크의 '숲 속의 물레방아').

- 표제 음악: 제목과 줄거리에서 곡의 내용을 알 수 있고, 문학적 · 회화적 · 극적 내용을 지니는 음악이다. 음악에 미리 제목을 정하여 작곡을 하거나, 작곡된 곡에 제목을 붙여 놓아 제목만으로 그 곡의 내용을 어느 정도 추측할 수 있다(예: 비발디의 '사계', 베를리오즈의 '환상 교향곡', 베토벤 교항곡 제5번은 순수음악으로서 갖는 작품 번호이나 '운명 교향곡'은 표제 음악의 성격을 갖고 있는 것임).

- 절대 음악: 순수한 예술성만을 위하여 작곡한 음악이다. 절대 음악은 기분과 감정을 나타내지 않으며, 음악 이외의 사상을 표현하지 않는다. 대부분의 교향곡, 소나타, 협주곡 등은 절대 음악이며 음의 구성 면에 더욱 집중하는 음악이라 할 수 있다(예: 모차르트 피아노 소나타 No. 10, 바흐 바이올린 협주곡 1번).

3. 음악 감상하기 교수 방법

음악 감상하기는 음률 영역이나 집단활동을 통해 이루어질 수도 있으나 주로 하루 일과를 통해 자연스럽게 이루어지는 경우가 많다. 교사는 유아의 놀이 및 일상 경험과 관련된 감상 활동을 통해 유아의 놀이를 지원하거나 일상 경험에 대한 학습을 지원할 수 있다.

1) 소리 듣기

소리 듣기 활동은 유아가 생활 속에서 쉽게 들을 수 있는 여러 가지 소리를 듣고,

변별하고, 만들어 보는 음악적 경험의 기초 활동이다. 소리 듣기 활동은 다음과 같은 점을 고려한다.

① 소리 듣기 활동은 유아의 현재 생활 맥락 내에서 제공되도록 하며, 유아에게 익숙한 소리부터 점차 낯선 소리를 경험하도록 한다. 유아가 생활 속에서 경험한 일과 관련 있는 소리에 관심을 갖고 관련짓고 구별할 수 있도록 격려한다. 교사는 유아가 주변의 소리에 대한 상호작용을 통해 집중하고 흥미를 가질 수 있도록 돕는다.

② 변별하기 쉬운 소리부터 시작하도록 활동을 계획한다. 먼저 큰 소리/작은 소리, 남자 목소리/여자 목소리 등 차이가 많이 나서 유아가 변별하기 쉬운 소리부터 변별해 보는 활동을 한다. 시각적 자료와 함께 제시하면서 소리의 차이에 대해서도 함께 이야기 나눈다.

③ 다양한 소리를 만들어 보는 활동을 한다. 소리 탐색에 즐거움을 느끼고, 소리가 발생하는 원리에 대해 호기심을 가질 수 있도록 신체나 다양한 사물로 소리를 만들어 보는 활동을 제공한다.

④ 실외에서도 소리 듣기 활동을 할 수 있도록 한다. 실외 놀이나 산책 시 자연의 소리, 주변 환경에서 나는 기계나 자동차 소리, 친구들의 목소리 등에 귀 기울이고 함께 들은 소리에 대해 이야기한다.

2) 음악 감상하기 지도 방법

음악 감상은 직접 감상과 간접 감상이 있는데, 직접 감상은 음악 감상 위주로 구성된 계획된 수업을 의미하며, 간접 감상은 놀이 시간, 휴식 및 낮잠 시간, 간식 및 식사 시간 등에 배경음악으로 들려주는 것을 의미한다. 계획적인 음악 감상하기의 일반적인 지도 방법은 다음과 같다.

(1) 도입

감상할 곡과 관련된 자료를 제시하며 음악에 대한 이야기를 나눈다.

(2) 전개

① 감상곡을 듣는다.

② 음악을 들은 느낌에 대해 이야기 나눈다.

③ 준비한 시각적 자료와 함께 음악을 감상한다. 음악의 내용을 그림 자료나 움직이는 입체 자료로 제시하거나 음악에서 사용되는 악기의 사진을 제시하여 음악에 대한 이해를 돕는다. 또는 음악을 시각화한 동영상 자료를 활용할 수 있다.

④ 음악 감상의 느낌을 다양한 방법으로 표현한다. 움직임을 통해 음악의 느낌을 표현할 수 있다. 음악을 들으면서 신체를 움직이거나 다양한 소품(리본 막대, 스카프 등)으로 음악의 느낌을 표현하도록 한다. 또한 미술 활동으로 음악의 느낌을 표현할 수 있다. 음악을 듣고 느낀 점을 그림으로 표현하거나 음악을 들으면서 이젤에 큰 붓으로 물감 칠하기, 찰흙을 두드리기, 핑거페인팅 활동 등을 할 수 있다.

(3) 마무리

① 활동에 대한 생각과 느낌을 이야기 나눈다.

② 사용했던 교수 자료와 음악을 자유놀이시간에 제공하여 유아가 개별적으로 감상 활동을 즐기도록 한다.

3) 교사의 역할

교사의 역할을 구체적으로 살펴보면 다음과 같다.

(1) 교사는 감상 활동을 계획하기 전에 감상할 곡에 대해 충분히 이해하고 있어야 한다

감상할 곡의 작곡가, 곡의 배경, 곡과 관련된 이야기 등에 대해서 알고 있으면 곡을 이해하는 데 도움이 된다. 음악 감상 활동을 하기 전에 교사는 충분히 들어 보고 익숙해져야 하며, 곡의 분위기, 연주되는 악기, 음악의 구성요소 등에 대해 충분히 이해하여 감상 활동의 방법을 정할 때 충분히 고려하도록 한다. 유아들이 흥미를 갖고 음악을 감상할 수 있는 효과적인 방법을 계획하기 위해서는 곡의 특성을 잘 파악

하도록 한다.

(2) 유아의 청각은 예민하므로 질 좋은 음악을 제공한다

질 좋은 음악이란 제공되는 음반이나 오디오, 스피커의 상태도 고려되어야 하지만 최상의 연주자가 연주한 음악을 선택하는 것도 포함된다.

(3) 유아의 집중시간은 길지 않기 때문에 3~4분 정도의 길이의 곡이 적절하다

일반적으로 클래식 곡은 곡 전체 길이가 길기 때문에 일부분을 편집하여 들려주도록 한다. 각 곡들 중 소나타, 협주곡, 교향곡 등 대부분의 절대음악은 2개 이상의 악장으로 구성되어 있으며, 각 악장 간에는 서로 주제로 연결되어 있으나, 리듬이나 빠르기, 조성 등이 다르게 구성되어 있어 독립된 곡처럼 느껴지기도 한다. 따라서 유아들과 함께 2악장 이상으로 구성된 클래식 곡을 감상하고자 할 때는 한 악장만 골라서 감상하는 것이 효과적이다.

4. 음악 감상하기 교육계획안의 예

활동명	왕벌의 비행	활동 유형	음악 감상하기	음악적 요소	음색, 빠르기
목표	• 왕벌이 되어 신체표현하면서 음악을 즐겁게 감상한다. • 음악의 느낌과 빠르기를 몸으로 표현한다.				
누리과정 관련 요소	• 아름다움 찾아보기 –자연과 생활에서 아름다움을 느끼고 즐긴다. • 창의적으로 표현하기 –신체나 도구를 활용하여 움직임과 춤으로 자유롭게 표현한다.				
자료	• 림스키코르사코프의 '왕벌의 비행' CD, 벌이 날아다니는 모습 동영상, 소품(벌 날개, 더듬이 등)				
활동 내용					
도입	1. 감상할 곡을 소개하며 주의집중한다. • 선생님이 오늘은 어떤 음악을 준비했는데, 이 음악은 곤충의 소리와 움직임을 표현한 곡이란다.				

도입	2. 어떤 곤충을 표현한 곡인지 집중하며 음악을 감상한다. • 어떤 곤충을 표현한 건지 생각하면서 감상해 보자. • (음악을 감상한 후) 이 음악을 들으니 어떤 곤충이 생각나니? • 어떤 부분에서 그 곤충이 생각났을까? • 이 곤충이 날아다닐 때 어떤 소리가 나니? • 너희도 그렇게 생각하니? 또 다른 소리가 난다고 생각하는 친구가 있니? • ○○는 어떤 부분에서 그 곤충이라고 생각했니? 3. 감상할 곡에 대해 소개한다. • 이 곡은 러시아의 작곡가 림스키코르사코프가 작곡한 '왕벌의 비행'이라는 곡이야. 너희도 이 곡을 듣고 벌이 생각났다고 했지? 이 작곡가랑 같은 생각을 했구나! • 벌이 무엇을 하는 모습을 표현한 것일까?
전개	4. 벌에 관한 신체 표현을 제안한다. • 벌이 날아다니는 모습을 본 적이 있니? 어떻게 날아다녔니? • '왕벌의 비행'을 들으면서 벌의 움직임을 표현해 보면 어떨까? • 앉아서 벌의 움직임을 손과 팔로 표현해 볼까? • 벌이 날아다닐 때 날개는 어떤 모습이니? • 벌이 꽃에 앉아서 꿀을 모을 때는 어떤 모습일까? • 벌이 사람에게 침을 쏠 때는 어떤 모습일까? • 자신의 느낌을 자유롭게 표현해 보자. 5. 신체 표현에 필요한 소품을 소개한다. • 벌의 모습을 표현하려면 어떤 물건이 필요할까? • 여기에 어떤 것(벌 날개, 더듬이)이 있니? 6. 벌이 되어 신체표현하며 음악을 감상한다. • 4~5명의 친구가 앞에 나와서 벌의 모습을 표현해 보면 어떨까? • 다른 친구들은 음악을 들으며 친구의 표현을 보도록 하자. • 모든 유아가 신체 표현에 참여할 수 있도록 여러 번 반복한다. 7. 소품을 정리한다. • 더듬이와 벌 날개를 이 바구니에 정리하고 들어가자.
평가 및 마무리	8. 활동에 대한 생각과 느낌을 이야기 나눈다. • 벌이 되어 신체표현하며 음악을 감상했는데 어땠니? • 벌을 표현한 친구들의 모습을 보며 감상해 보았는데 무엇을 느꼈니? 9. 다음 활동으로 전이한다. • "다음은 자유놀이 시간이야. 나는 퍼즐놀이를 먼저 할래요. 하는 사람 일어나 보자."

유의점
• 교실이나 활동실의 크기에 따라서 신체표현을 하는 유아 수를 조정한다.

• 신체표현보다는 음악을 감상하는 것이 목표이므로 신체표현은 음악을 보다 잘 감상하기 위한 방법으로 사용된다는 것을 잊지 말고 지도한다.

활동 자료

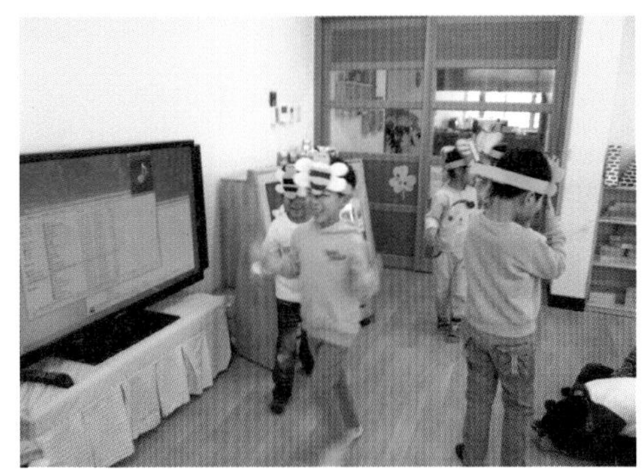

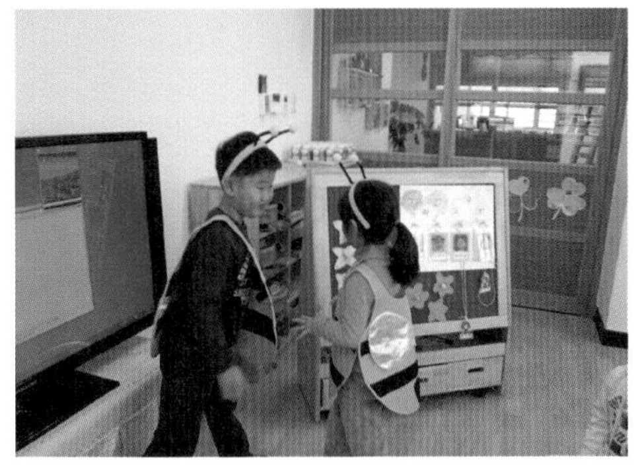

신체로 표현하며 음악 감상하기

교수학습을 위한 제언

1. 표제 음악과 절대 음악을 찾아보세요. 찾은 음악의 제목을 소개하고, 다 함께 감상한 후 느낌과 생각을 이야기 나누어 보세요.
2. 헨리 맨시니(Henry Mancini)의 '아기 코끼리의 걸음마'라는 곡을 들어 보고, 어떤 방법으로 감상할 수 있을지 토의해 보세요.

제7장

유아의 경험 지원하기

최근에 개정된 2019 개정 누리과정과 제4차 어린이집 표준보육과정은 '영유아중심, 놀이중심' 교육을 강조하면서 유아가 주도하는 놀이를 통해 배움을 제시하고 있다. 이에 교사는 유아의 놀이를 지원하기 위해 활동을 계획하고 환경(공간 및 자료)을 구성해야 한다. 이 장에서는 유아의 경험을 지원하거나 문제해결을 위한 방법으로 음악적 환경과 음악 활동을 어떻게 연계하여 제시할 수 있을지에 대해 고찰해 보고자 한다. 이에 유아의 경험 또는 어떤 상황을 먼저 제시하고 교사는 관찰에 근거하여 어떤 고민을 할 수 있는지를 알아보았다. 그리고 음악적 환경과 음악 활동으로 연계할 수 있는 예를 제시하였다.

1. 지휘자 흉내를 내며 지휘 놀이하는 유아들

1) 유아의 경험

놀이 시간에 A 유아가 지휘자 흉내를 내며 지휘를 하고 있다. 그 모습을 본 B 유아가 "뭐 하는 거야."라고 관심을 보인다. 지휘자 흉내를 내던 A 유아는 "지휘하는 거야."라고 말하며 "막대기가 필요한데…"라고 말한다. 지나가던 C 유아가 "아 나 그거 알아."하며 미술재료 중 기다란 수수깡을 가져온다. "이런 거 맞지?" 하며 C 유아도 지휘하는 흉내를 낸다. 선생님에게 "선생님 음악 틀어 주세요. 멋진 걸로요."라고 말한다. 선생님은 배경 음악으로 들려주던 '가보트'라는 클래식 곡을 틀어 준다. A, B, C 유아는 저마다 각기 수수깡을 가지고 지휘하는 흉내를 내며 즐겁게 논다. A, B, C 유아를 보던 다른 유아들 중 몇 명이 노래를 부르거나 악기를 연주하는 흉내를 내며 동참한다.

2) 교사의 고민

TV나 연주회를 통해 지휘하는 모습을 본 유아의 관심이 다른 유아들에게 전해지고 놀이로 확장된 경우이다. 지휘란 합창이나 합주 등에서 많은 사람의 노래나 연주가 예술적으로 조화를 이루도록 앞에서 이끄는 일이다. 따라서 음악활동으로 지원해 줄 수 있는 방법을 고민해 볼 수 있다.

- **고민 1**–노래나 연주를 할 때 예술적으로 할 수 있게 하기 위한 방법에는 무엇이 있을까?
- **고민 2**–지휘를 교육적으로 연계할 수 있는 방법에는 무엇이 있을까?

3) 음악적 환경과 음악 활동을 통한 지원의 예

• 음악적 환경 지원

–유아들과 의논하여 지휘봉을 무엇으로 하면 좋을지 이야기를 나눈다.

–교실 안에 있던 다양한 자료를 활용할 수 있다.

–유아들의 의견을 반영하여 새로운 재료나 도구를 제공한다.

• 음악활동으로 지원

1) 지휘자가 관현악 오케스트라를 지휘하는 동영상 시청을 한다.

–지휘봉은 어떻게 생겼는지? 왜 지휘봉을 사용하는지? 지휘봉을 어떻게 사용하는지? 등에 대해 시청 후 이야기 나눈다.

2) 관현악 오케스트라 연주의 빠르기, 셈여림, 각 악기들의 음색이 어땠는지 감상하고 느껴 본다.

3) 유아들이 알고 있던 노래의 빠르기와 셈여림을 다르게 하여 불러 본다.

4) 유아들이 지휘자가 되어 지휘자의 지휘에 따라 노래를 부르거나 악기를 연주해 본다.

–지휘에 따라 노래를 부르거나 악기를 연주한다면 어떻게 달라질 수 있을지 이야기 나눈다.

–지휘자가 되어 각 유아가 느끼는 느낌에 따라 지휘를 하고 지휘봉의 방향이나 속도, 힘에 따라 노래의 빠르기와 셈여림을 다르게 하여 불러 보고 악기를 연주해 본다.

※19세기 때 템포 루바토(tempo rubato)라는 빠르기를 사용했다고 합니다. 곡마다 원래 정해져 있는 빠르기가 있지만 연주하는 사람의 미묘한 느낌 변화에 의해 빠르기를 조정할 수 있다는 의미입니다.

2. 성악가 흉내를 내며 노래를 부르는 유아들

1) 유아의 경험

A 유아가 "오늘 아침 창 밑에 나뭇잎이요~"라며 나뭇잎 노래를 부른다. 입을 크게 벌리고 눈을 크게 뜨며 부르고 있다. 옆에 있던 친구 B가 "야 노래를 왜 그렇게 부르냐?"라고 말하니 A는 "텔레비전에서 이렇게 부르는 거 봤어. 이렇게 부르니까 재밌어."라고 말하며 계속 노래를 부른다. B는 "그래? 그럼 같이 부르자."라며 같이 노래를 부른다. "또 뭐 부를까?" 하며 자신들이 알고 있는 노래들을 성악가들이 부르는 모습을 흉내 내며 부른다. 노래 소리가 들리고 노래 부르는 모습을 본 다른 친구들도 "뭐야?" 하며 같이 따라 부르며 성악가 흉내를 낸다.

2) 교사의 고민

성악가들이 노래를 부를 때 입을 크게 벌리고 자세를 곧게 하여 부르는 모습을 볼 수 있다. 소리가 잘 나도록 하기 위한 태도이다. 노래를 부르는 직업을 가진 사람들, 예를 들어 대중가요 가수, 뮤지컬 배우, 성악가, 오페라 가수 등은 각기 다른 발성으로 노래를 부르지만 한 가지 공통점은 감정을 담아 부른다는 것이다.

- **고민 1**–유아들이 노래 부르는 모습을 관찰 후 모방하며 놀이했던 것을 어떻게 교육적으로 확장시켜 줄 수 있을까?
- **고민 2**–노래 부르기 활동과 감정 표현을 어떻게 연결시켜 적용할 수 있을까?

3) 음악적 환경과 음악 활동을 통한 지원의 예

- **음악적 환경 지원**

-교실 벽면에 노래 부르는 다양한 모습의 사진을 붙여 준다.

-다양한 목소리로 부른 음원을 제공한다.

- **음악 활동으로 지원**

1) 뮤지컬의 한 장면, 오페라의 한 장면을 감상한다.

-뮤지컬과 오페라에서 노래 부르는 장면을 선택하여 노래 부르는 사람의 표정에 주목하며 감상한다.

-가사만 전달하는 것이 아니라 가사의 내용을 감정으로 표현하며 노래 부른다는 것을 발견하도록 돕는다.

-입을 크게 벌리면 노래 부르는 데 도움이 될 수 있음을 경험한다.

2) 노래 부르기를 한다.

-평소보다 입을 크게 벌리고 자신감 있게 노래를 불러 본다.

-유아들이 놀이할 때 불렀던 노래의 가사를 생각하며 어떻게 목소리로 표현할 수 있을지 이야기 나눈 후 감정을 담아 불러 본다.

3) 감정을 담은 노래를 유아들과 함께 찾아본 후 부른다.

-감정을 담아 부를 수 있는 노래들을 찾아본다.

(예) 내 마음이 기쁘단다, 꾹 참았네, 눈이 내리면 등

-각 가사에 담긴 내용과 관련된 경험을 나누고 감정에 대해 이야기 나눠 본다.

-감정을 어떻게 목소리와 표정으로 나타낼 수 있는지 생각해 보고 노래를 불러 본다.

4) 노래 창작하기

-유아들이 경험한 내용 중 감정을 담아 노래로 전하고 싶은 것이 있는지 생각해 본다.

-팀별로 가사를 창작해 본다.

-팀별로 창작한 가사의 감정을 잘 전달하기 위해 어떤 멜로디로 부르면 좋을지 자유롭게 불러 본다.

–팀별로 만든 가사와 멜로디를 교사가 함께 다듬어 노래를 만든다.

–각 팀별로 발표해 보거나 녹음한 후 다 함께 모였을 때 감상해 본다.

3. 다양한 음악에 맞춰 춤을 추며 놀이하는 유아들

1) 유아의 경험

교사가 교실에 제공해 준 클래식 음악과 동요에 맞춰 유아들이 춤을 추며 놀고 있다. 현대무용을 하듯 팔과 다리를 쭉 뻗었다 오므리는 행동도 하고 발레를 하듯이 빙그르르 도는 유아들도 있다. 동요가 나올 때는 율동을 서로 만들어서 다 같이 동작을 열심히 한다.

2) 교사의 고민

음악의 빠르기, 셈여림, 목소리나 악기의 음색, 멜로디 등은 유아들의 행동적 반응을 일으킨다. 음악을 느끼고 이해하는 방법 중 하나는 이렇게 신체로 표현하는 것이다.

- **고민 1**–음악에 반응하는 유아들의 신체적 반응을 어떻게 확장시켜 줄 수 있을까?
- **고민 2**–음악을 이해하는 다양한 방법을 어떻게 적용할 수 있을까?

3) 음악적 환경과 음악 활동을 통한 지원의 예

- **음악적 환경 지원**

–다양한 음악적 요소를 경험할 수 있도록 다양한 음악을 놀이시간에 제공해 준다.

–스카프, 리본 막대, 공, 머리띠 등 다양한 도구를 제공해 주어 유아들의 표현활동을 지원해 준다.

• 음악 활동으로 지원

1) 유아들이 즐겨 듣던 곡을 감상한다.

–곡 안에서 발견할 수 있는 음악적 개념을 파악하고 음악의 주제나 느낌을 가장 잘 이해할 수 있는 방법을 찾는다.

–유아들이 즐겨 반응하던 신체 자체를 통해 음악의 느낌을 표현하며 감상하도록 한다.

–교실 안에 내어 주었던 다양한 도구를 이용하여 음악의 느낌을 표현하며 감상하도록 한다.

2) 계절 및 유아들이 즐겨 듣던 곡과 연계된 주제의 곡을 감상한다.

–신체표현 이외에도 공, 훌라후프 등의 도구를 이용한 방법, 기본동작을 이용한 방법, 극놀이를 이용한 방법 등 다양한 교수 방법을 활용한 음악감상 활동을 하여 음악을 이해하고 표현할 수 있는 방법들을 경험해 본다.

교수학습을 위한 제언

1. 다음에 제시된 유아의 경험을 읽어 보고, 교사가 음악적 환경과 음악 활동으로 지원해 줄 수 있는 방법을 생각해 보세요.

1) 같은 말을 리듬감 있게 반복하며 대화하는 유아들

유아의 경험
여러 명의 유아가 함께 블록놀이를 하고 있다. A 유아가 다른 유아들에게 "우리 동물원 만들자."라고 제안을 한다. 그러자 B 유아가 "싫어 싫어 싫어 싫어"라고 대답한다. 그 말을 듣던 옆에 있던 C 유아가 "좋아 좋아 좋아 좋아"라고 말하자 또 다른 D 유아가 "왜 왜 왜 왜"라고 한다. 서로 말을 반복해서 하는 것에 재미가 있는 듯 계속해서 자기가 하고자 하는 말을 여러 번 반복해서 이야기한다.

2) 간접 음악 감상으로 들려 주었던 트럼펫 음악에 관심을 보이는 유아들

유아의 경험
아침에 유아들이 등원할 때 교실에 배경음악을 틀어 준다. 연주곡을 틀어 줄 때도 있고 동요를 틀어 줄 때도 있는데, 어느 날 교사가 틀어 준 트럼펫 음악을 듣고 심취한 모습을 한다. 다음 날도 그다음 날도 같은 음악을 틀어 달라고 한다.

3) 난타공연을 본 후 두드리며 놀이하는 유아들

유아의 경험
반 유아들 중 몇 명이 주말에 '난타' 공연을 보고 왔다. 책상을 두드리기도 하고 '핫'이라는 기합 소리를 내기도 하며 신나게 논다. 일부 유아들은 시끄럽다고 불만을 표하기도 하지만 대부분의 유아들은 재미있는 듯 같이 동참하여 이것저것 두드리는 놀이를 한다.

제 3 부

유아음악교육의 실제

제8장

노래 부르기

활동 1 대화체의 노래 부르기

활동명	참 재미있었지	음악적 요소	멜로디
목표	• 묻고 답하는 대화체의 노래를 통해 노랫말과 멜로디의 조화를 경험한다.		
자료	• 막대자료(남녀 유아 인형), 노랫말 자료		

활동 내용

1. 막대자료(남녀 유아 인형)로 도입한다.

지호	주혜
–안녕! 주혜야.	–안녕! 지호야.
–나는 나는 방학 동안 산에 갔었어.	–그래? 산에서 무얼 보았니?
–졸졸졸졸 흐르는 시냇물도 보았고, 맴맴맴맴맴 매미도 보았지.	–야, 정말 재미있었겠다.
–응, 참 재미있었지. 그런데 주혜야, 너는 방학 동안 어디 갔었니?	–나는 나는 방학 동안 바다에 갔었지.
–바다에서 무얼 보았니?	–조그맣고 하얀 조개껍질도 보고, 깍깍깍깍깍 갈매기도 보았지.
–야, 정말 재미있었겠다.	–응, 참 재미있었지.

2. 교사가 노래를 불러 준다.
• 지호와 주혜가 산과 바다로 놀러 갔던 이야기를 노래로 만든 것이 있어. 선생님이 먼저 불러 볼게.

3. 피아노 음을 들어 본다.

4. 한 가지 소리로 부른다.

5. 노랫말 자료를 보며 노랫말을 알아본다.

6. 다양한 방법으로 나누어 부른다.
• 유아들과 상호작용하며 나누어 부를 부분을 정한다.
  –어떻게 나누어 부르면 좋을까?
  –'라라라 라라라 참 좋았겠구나' 이 부분은 누가 부르면 좋을까? 대답하는 부분은 누가 부를까?
  –이번에는 어떻게 나누어 부를까?

7. 다 함께 부른다.

8. 활동에 대한 생각과 느낌을 이야기 나눈다.
• 주혜와 지호가 되어 노래를 불러 보았는데, 다른 노래와 어떻게 다르다고 생각하니?

유의점

• 묻고 대답하는 부분의 배지 색깔을 다르게 하여 나누어 부를 때 쉽게 구분할 수 있도록 한다.

활동 자료

도입 자료

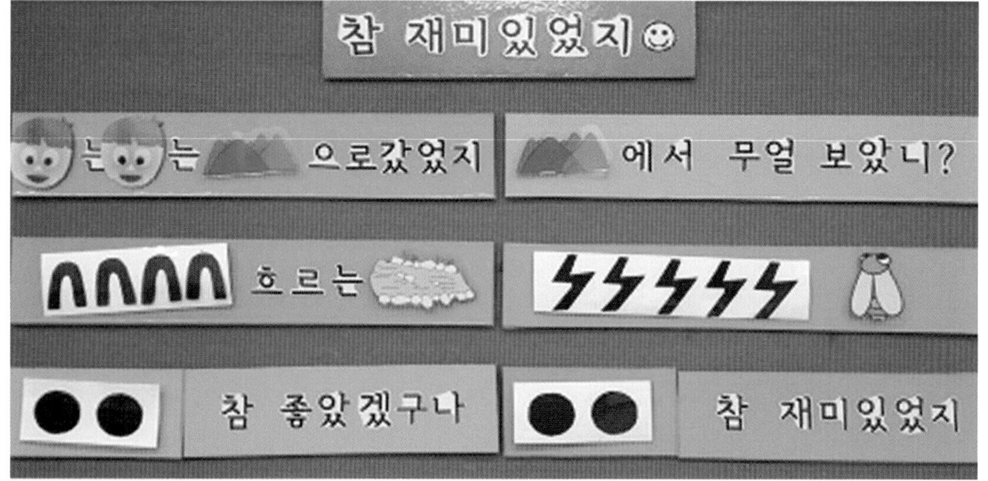

노랫말 자료

참 재미있었지

김성균 작사
김성균 작곡
C G7 C F G7
나 는 나 는 산 으 로 갔 었 지 산 – 에 서 무 얼 보 았 니?
나 는 나 는 바 다 로 갔 었 지 바 다 에 서 무 얼 보 았 니?
C C G7 C
졸 졸 졸 졸 흐 르 는 시 – 냇 물 맴 맴 맴 맴 맴 매 – 미
조 그 맣 고 하 얀 – 조 개 껍 질 깍 깍 깍 깍 깍 갈 매 기
C F C G7
라 라 라 라 라 라 참 좋 았 겠 구 나
C F C G7 C
라 라 라 라 라 라 참 재 미 있 었 지

활동 2 극놀이를 활용한 노래 부르기

활동명	개미 심부름	음악적 요소	박, 박자
목표	• 박에 맞춰 움직이며 노래를 부른다. • 노래 속 주인공이 되어 보는 경험을 통해 즐거움을 느낀다.		
자료	• 노랫말 자료 • 놀이에 사용할 소품(개미 머리띠)		
활동 내용			

1. 개미에 대한 수수께끼로 주의 집중한다.
• 이것은 곤충입니다. 더듬이가 있고, 다리는 6개입니다. 색깔은 검은색입니다. 이것은 무엇일까요?

2. 노랫말 자료로 도입한다.
• 어느 날 엄마 개미가 아기 개미들에게 심부름을 시켰어요. 그래서 아기 개미들은 엄마 심부름을 갔지요. 사이좋게 줄을 서서 심부름을 가다가 친구 개미들과 서로서로 부딪쳤어요. 그래서 아기 개미들과 친구 개미들은 '아야아야 아파아파 미안미안해' 하며 사과를 했답니다.

3. 교사가 노래를 불러 준다.
• 선생님이 먼저 불러 볼게. 잘 들어 보자.

4. 역할에 따라 어떻게 행동할지 함께 정한다.
• 개미가 되어 노래를 부를 것임을 이야기한다.
 –오늘은 너희가 아기 개미들과 친구 개미들이 되어 노래를 불러 볼 거야.
 –어떻게 역할을 정해 볼 수 있을까?
 –줄을 서서 심부름을 가는 것은 어떻게 표현할 수 있을까?
 –'아야아야 아파아파' 부분은 어떻게 표현하면 좋을까?
 –'미안미안해' 하며 사과하는 부분은 어떻게 표현하면 좋을까?

5. 걸어 보는 박을 함께 정하고 노래를 부르며 박에 맞춰 제자리에서 걸어 본다.
• 아기 개미가 되어 제자리에서 심부름을 가 볼까?

6. 개미 머리띠를 하고 박에 맞춰 극놀이를 하며 노래를 부른다.
• 4박에 맞추어 걸어 보자.
• 2박에 맞추어 걸어 보자.
• 돌아가면서 극놀이에 참여하고 앉아 있는 유아들은 노래를 불러 준다.

7. 다 함께 부른다.

8. 활동에 대한 생각과 느낌을 이야기 나눈다.
- 오늘은 너희들이 개미가 되어 극놀이를 하며 노래를 불러 보았는데 어땠니?
- 오늘 움직여 보았던 방법 외에 또 어떤 방법으로 표현할 수 있을까?

유의점

- 개미가 되어 움직일 때 박을 느낄 수 있도록 한다.
- 친구끼리 부딪치는 부분에서 너무 세게 부딪치지 않도록 사전에 약속을 정한다.

활동 자료

개미가 개미가 엄마 심부름 간다

사이좋게 줄을 서서 심부름을 가다가

동무끼리 서로서로 부딪쳤다네

아야아야 아파아파 미안미안해

활동 방법의 예

노랫말	놀이 방법	
개미가 개미가 엄마 심부름 간다 사이좋게 줄을 서서 심부름을 가다가	3명씩 한 줄로 양쪽에 서서 앞 사람의 어깨를 잡고 2박씩 발을 앞으로 움직여 나아간다.	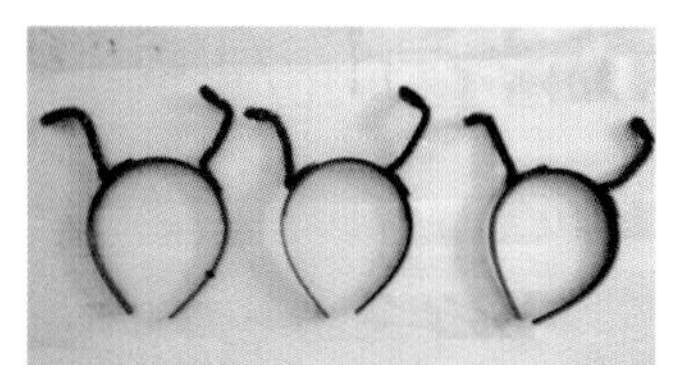 개미 머리띠
동무끼리 서로서로 부딪쳤다네	양쪽에서 걸어오다 부딪치는 흉내를 낸다.	
아야아야 아파아파 미안미안해	아픈 흉내를 내며 서로에게 사과한다.	

개미 심부름

활동 3 리듬을 강조한 노래 부르기

활동명	멋진 눈사람	음악적 요소	리듬
목표	• ♪(8분 음표 부분)을 쉬고 들어가는 노래에서 리듬을 경험하고 느낌을 동작으로 표현한다.		
자료	• 도입 자료(눈덩이 두 개, 눈덩이 위에 꾸밀 자료) • 노랫말 자료		

활동 내용

1. 눈덩이를 보여 주며 무엇인지 물어본다.
 • 유아들의 호기심을 자극한다.
 –얘들아, 이것이 무엇일까? 이것은 겨울에 볼 수 있단다.

2. 눈사람을 만들며 노래를 소개한다.
 • 다 함께 눈덩이를 굴려서 눈사람을 만들자.
 • 눈덩이를 굴릴 땐 어떻게 할까? (예: 손을 굴린다)
 • 다 같이 '눈을 굴려서 눈을 굴려서 눈사람을 만들자.'라고 말하며 유아들과 함께 정한 동작을 한 후, 눈덩이를 융판에 붙인다.
 • '눈썹, 눈, 코, 입, 예쁜 얼굴이 됐네.'라고 말하며 눈덩이 위에 눈썹, 눈, 코, 입 모양을 붙인다.
 • '모자, 안경, 외투, 장갑, 멋진 눈사람이 됐네.'라고 말하며 눈사람 위에 모자, 안경, 외투, 장갑을 붙여 완성한다.

3. 교사가 노래를 불러 준다.
 • 선생님이 먼저 불러 볼게.
 • 선생님이 어떤 동작을 하며 부를 텐데 왜 그 동작을 하는지 알아맞혀 봐.
 (교사가 쉼표(♪)가 있는 부분에서 고개를 끄덕이며 부른다)
 • 선생님이 어떤 동작을 하며 불렀니? 왜 그랬을까?

4. 피아노 음을 들어 본다.
 • ♪(8분 음표)가 있는 부분에서 쉬고 들어가는 의미로 고개를 끄덕인다.

5. 한 가지 소리로 부른다.
 • ♪(8분 음표)가 있는 부분에서 쉬고 들어가는 의미로 고개를 끄덕인다.

6. 노랫말 자료를 보여 주고 유아들과 함께 노랫말을 완성해 본다.
 • 여기 비어 있는 부분의 노랫말은 무엇이었을까?

7. 노랫말 자료를 보며 다시 한 번 교사가 불러 준다(노랫말 자료에서 ♪부분을 ★로 표시).

- 선생님이 한 번 더 노래를 불러 볼 텐데, 너희는 ★표시가 있는 부분에서 어떻게 하면 좋을까?
  (예: 고개 끄덕이기, 오른발로 바닥을 쿵 치기)

8. 다양한 방법으로 나누어 부른다.
- 너희는 위의 두 줄을 불러 줘. 선생님이 밑의 두 줄을 부를게.
- ★표시가 있는 부분을 이번에는 어떤 방법으로 표현해 볼까?
  (예: 손뼉치기, 자리에서 일어났다 앉기)
- 어떤 방법으로 나누어 부르면 좋을까?

9. 다 함께 부른다.

10. 활동에 대한 생각과 느낌을 이야기 나눈다.
- 오늘 노래는 어떤 부분이 재미있었니?

활동 자료

도입 자료

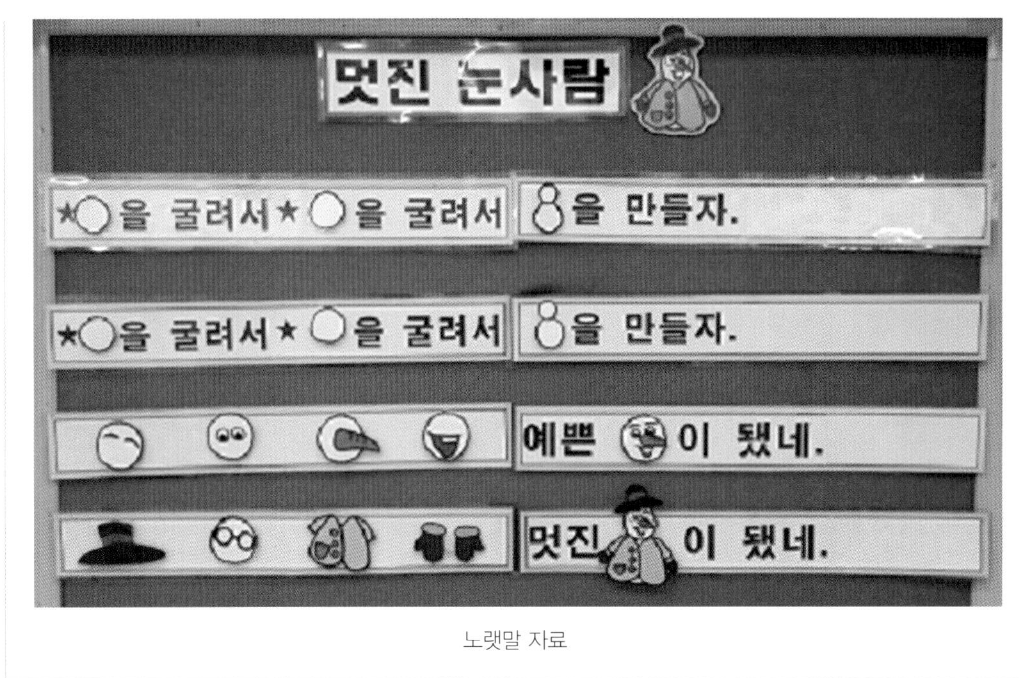

노랫말 자료

멋진 눈사람

김방옥 작사
김방옥 작곡

활동 4 내청을 이용한 노래 부르기 1

활동명	시계	음악적 요소	박, 리듬
목표	• 내청을 이용하여 박과 리듬을 느낀다.		
자료	• 시계 음향, 다양한 시계(손목시계, 벽시계, 탁상시계 등), 노랫말 자료		

활동 내용

1. 시계의 음향을 들려주며 무슨 소리인지 생각해 본다.
• 시계 실물을 보여 준다.
–이 시계 소리는 어떨까?

2. 노래를 소개한다.
• 오늘은 '시계'라는 노래를 불러 볼 거야.

3. 교사가 노래를 불러 준다.
• 오늘 부를 노래에서 나오는 시계 소리는 어떤 소리인지 잘 들어 보자.

4. 피아노 음을 들어 본다.

5. 한 가지 소리로 부른다.

6. 노랫말 자료를 보며 노랫말을 알아본다.

7. 다양한 방법으로 나누어 부른다.
• 똑딱똑딱 부분은 누가 불러 볼까?
• 어떤 방법으로 불러 볼 수 있을까[예: 유아들은 분홍색 부분(시계는 아침부터 똑딱똑딱 시계는 아침부터 똑딱똑딱)을 부르고, 교사는 파란색 부분(언제나 같은 소리 똑딱똑딱 부지런히 일해요)을 부른다.]?

8. 다 함께 부른다.

9. 특정 부분만 손동작을 하며 불러 본다.
• 이번에는 '똑딱똑딱' 부분만 손동작을 해 볼 거야. 어떻게 표현하면 좋을까?

10. 내청으로 불러 본다.
• '똑딱똑딱' 부분에서는 노래를 부르지 말고 손동작만 하면서 불러 보자.

11. 다른 시계 소리로 불러 본다.
• '똑딱똑딱' 말고 또 어떤 시계 소리가 있을까?(예: 째깍째깍, 뻐꾹뻐꾹)

12. 내청으로 불러 본다.
- '○○○○' 부분에서는 노래를 부르지 말고 손동작만 하면서 불러 보자.

13. 활동에 대한 생각과 느낌을 이야기 나눈다.
- 이 노래를 불러 보니 어떤 느낌이 들었니?

유의점

- 유아가 다른 부분을 내청으로 해 보고 싶을 때에는 융통성 있게 진행한다. 단, 손유희나 율동 만들기가 되지 않도록 유의한다.

활동 자료

노랫말 자료

시계

미 상 작사
나운영 작곡

활동 5 음높이를 비교하여 내청을 이용한 노래 부르기 2

활동명	산타 할아버지 오시는 날	음악적 요소	음높이, 박, 리듬
목표	• 다양한 방법(내청)을 통해 노래를 부른다. • 음높이를 손동작으로 표현한다.		
자료	• 노랫말 자료, 작은 종		

활동 내용

1. 종소리 알아맞히기로 주의 집중한다.

2. 노랫말과 관련된 이야기로 도입한다.

> 옛날 어느 마을에 사랑이라는 친구가 살았어요. 사랑이의 엄마는 사랑이에게 이렇게 말했어요. "사랑아, 펑펑 하얀 눈이 내릴 때 산타 할아버지가 오신대. 우리 선물 가득 싣고서 썰매 타고 오신대." 엄마의 말을 들은 사랑이는 마음이 설레었어요. 그래서 산타 할아버지가 사랑이의 집을 잘 찾을 수 있도록 집 앞에 '딸랑딸랑' 소리가 나는 종을 매달았대요. 그리고 딸랑딸랑 종소리를 내면서 이렇게 말했대요. "빨리 오세요. 기다릴게요."

3. 교사가 노래를 불러 준다.
   • 사랑이의 이야기를 담은 노래가 있어. 선생님이 불러 볼게.

4. 피아노 음을 들어 본다.

5. 한 가지 소리로 부른다.

6. 다양한 방법으로 나누어 부른다.
   • 딸랑딸랑 부분은 누가 부를까?
   • 이번에는 어떻게 나누어 부르면 좋을까?

7. 다 함께 부른다.

8. 특정 부분을 손동작으로 표현하며 부른다.
   • 이번에는 '딸랑딸랑' 부분을 손동작으로 표현해 볼 거야. 어떤 부분의 소리가 더 높은지 들어 보자. (교사가 딸랑딸랑 부분만 노래를 부른다.)
   • 어떤 부분의 소리가 더 높니? (뒷부분)
   • 손동작도 이렇게(아래에서 반짝 1번, 위에서 반짝 1번) 할 거야.

9. 내청으로 불러 본다.
- '딸랑딸랑' 부분에서는 노래를 부르지 말고 손동작만 하면서 불러 보자.
- '딸랑딸랑' 부분 말고 또 소리 내지 않고 불러 보고 싶은 부분이 있니?

10. 활동에 대한 생각과 느낌을 이야기 나눈다.
- 오늘은 노래 중간에 소리를 내지 않고 마음속으로 노래를 불러 보았는데 어땠니?

유의점

- 내청을 이용하여 노래 배우기를 할 때에는 의성어나 의태어 등이 있는 노래나 반복되는 단어가 있는 노래가 유용하다.
- 이야기 도입 부분에서 한 장씩 덧붙여 가며 활용할 수 있는 자료로, 삼각대 자료로 만들어서 활용하면 더욱 효과적이다.

활동 자료

옛날 어느 마을에 사랑이라는 친구가 살았어요. 사랑이의 엄마는 사랑이에게 이렇게 말했어요.

"사랑아, 펑펑 하얀 눈이 내릴 때…"

"…산타 할아버지가 오신대."

"우리 선물 가득 싣고서 썰매 타고 오신대."
엄마의 말을 들은 사랑이는 마음이 설레었어요. 그래서 산타 할아버지가 사랑이의 집을 잘 찾을 수 있도록 집 앞에 '딸랑딸랑' 소리가 나는 종을 매달았대요. 그리고 딸랑딸랑 종소리를 내면서 이렇게 말했대요.
"빨리 오세요. 기다릴게요."

산타 할아버지 오시는 날

김진영 작사
김진영 작곡

활동 6 Storytelling을 활용한 노래 부르기

활동명	숲속의 아침	음악적 요소	리듬, 멜로디
목표	• 점 8분 음표와 16분 음표 노래의 리듬을 경험한다. • 노랫말에 어울리는 동작을 표현한다.		
자료	• 노랫말 자료(숲속 배경과 동물들, 노랫말의 의태어 부분 따로 제작)		

활동 내용

1. 숲속 소리를 들려주어 주의를 집중시킨다.
• 이게 무슨 소리지?
• 어디서 들을 수 있는 소리일까? – 숲속에서 들을 수 있는 소리

2. 교사의 이야기로 도입한다.

선생님이 오늘은 숲속의 아침 풍경에 대해 이야기를 들려주려고 해. 어떤 풍경일지 들어 볼까? (숲속 배경판을 보여 주며) 이곳은 푸른 나무들도 있고 꽃도 피었고 맑은 물이 흐르는 물가도 있는 숲속이에요. 아침이 되었어요. 고요한 숲속의 아침이에요. "짹짹" "짹짹" 참새 한 마리가 즐겁게 지저귀며 물가로 날아왔어요(참새 부착). 날개로 세수하고 또 세수해요. 잠시 뒤에 "삐약삐약" "삐약삐약" 병아리 한 마리가 종종종종 물가로 왔어요(병아리 부착). 병아리는 목이 말랐는지 물을 먹고 또 물을 먹었어요. 폴짝폴짝 폴짝폴짝 귀여운 다람쥐는 몰래 몰래 오더니(다람쥐 부착) 오물오물 밥을 먹기 시작하네요. 엄마 물오리와 아기 물오리들은 모두 모여 뒤뚱뒤뚱 나란히 줄을 서서 소풍 간대요.

참새는 날개로 토닥토닥토닥토닥 거리며 콩콩콩 뛰어다니고 물오리들은 줄을 서서 걷다가 물속에도 들어가 첨벙첨벙첨벙첨벙 물놀이도 하고 '죽~' 앞으로 수영하며 놀기도 해요. 다람쥐도 신나서 뒹굴뒹굴뒹굴뒹굴 뒹굴기도 하고 병아리와 함께 콩콩콩 뛰어다니기도 하며 재밌게 놀아요. 숲속의 아침은 이렇게 활기차네요. 숲속 아침에 모인 동물들은 모두 힘차게 "하나 둘 셋 넷 야!"를 외치며 하루를 시작합니다.

3. 노래를 소개한다.
• 숲속의 아침 풍경을 노래로 만든 것이 있는데 들어 볼까?
• 이 노래의 제목이 무엇일지, 숲속에 어떤 동물들이 모였는지 들어 보자.

4. 교사가 노래를 불러 준다.

5. 노랫말 자료를 보며 노랫말을 알아본다.
• 어떤 동물이 숲속에 왔을까?
• 다람쥐는 몰래 와서 무엇을 했니?
• ⌒ ⌒ ⌒ ⌒ • • • 이 기호는 어떤 행동을 나타낸 거니?

6. 기호로 된 부분을 유아들과 함께 동작으로 만들어 본다.
- 토닥토닥토닥토닥 부분은 어떻게 표현하면 좋을까?
- 뒹굴뒹굴뒹굴뒹굴 부분은 어떻게 표현하면 좋을까?

7. 교사는 노래를 부르고 유아들은 기호로 된 부분을 동작으로 표현해 본다.
- 교사는 처음부터 끝까지 노래를 부르고 유아들은 기호 나오는 부분에서 동작을 해 본다.
- 유아들이 아는 부분은 자연스럽게 같이 부른다.

8. 첫째줄부터 넷째줄까지의 노랫말 부분을 동작으로 만들어 본다.
- '짹짹 참새가 물가에 와서 세수하고 세수하고' 부분은 어떻게 표현하면 좋을까?

9. 교사는 노래를 부르고 유아들은 노래 전체를 동작으로 표현해 본다.
- 교사는 처음부터 끝까지 노래를 부르고 유아들은 처음부터 끝까지 동작을 해 본다.
- 유아들이 아는 부분은 자연스럽게 같이 부른다.

10. 다양한 방법으로 나누어 부른다.
- 참새, 병아리, 다람쥐, 물오리 팀으로 나누어 자기 역할에 해당하는 부분만 부른다.
- 교사는 처음부터 끝까지 부른다.
- 이번에는 어떻게 나누어 불러 볼까?

11. 다 함께 부른다.

12. 활동에 대한 생각과 느낌을 이야기 나눈다.
- 오늘은 이야기 속 주인공이 되어 율동을 만들어 노래를 불러 보았는데 어땠니?

유의점

- 피아노 소리를 들어 보고 한 가지 소리로 불러 보는 과정은 노랫말을 익히기 전에 멜로디를 익숙하게 하기 위해 효과적인 방법이다. 그러나 반드시 이 과정이 필요한 것은 아니다. 이 노래는 24마디로 이루어져 있으며 노랫말도 반복적이지 않기 때문에 동작을 이용하여 유아들이 충분히 노래를 반복해서 들어 보는 과정으로 지도할 수 있다.

활동 자료

숲속의 아침

김성균 작사
김성균 작곡

활동 7 그림 그리기를 이용한 노래 부르기

활동명	더 빠른 것 더 느린 것	음악적 요소	빠르기
목표	• 유아가 직접 노래 자료를 만들어 봄으로써 참여의 즐거움을 느낀다. • 다양한 교통기관의 종류와 빠르기에 관심을 가진다.		
자료	• 노래 CD • 색채 도구(사인펜, 색연필, 크레파스, 연필), 8절이나 4절 도화지		

활동 내용

1. 활동을 소개한다.
- 너희가 알고 있는 교통기관에는 어떤 것들이 있니?
- 오늘은 너희가 노래 자료를 직접 만들어 볼 거야.

2. 소그룹으로 나누어 그림을 그린다(노래 CD를 틀어 준다.).
- 모둠으로 나누어 4개의 교통기관(자전거, 자동차, 비행기, 로켓)을 그려 볼 거야.
- 자전거를 그리고 싶은 친구는 미술 영역으로 가 보자.

3. 유아가 만든 노랫말 자료를 보며 노래를 부른다.
- 너희가 그린 그림(자전거 → 자동차 → 비행기 → 로켓) 중 가장 느린 교통기관은 무엇일까?
  (각 소그룹의 유아 중 1명씩 나와 순서대로 서 본다.)
- 친구가 볼 수 있도록 그림을 들고 서 보자.
- 선생님이 먼저 노래를 불러 볼게(교사는 유아의 어깨를 짚어 주며 노래를 부른다.).

4. 소그룹의 유아 중 다른 유아가 나와 그림을 들고 다함께 노래를 부른다.
- 이번에는 선생님이 어깨를 짚어 주는 친구는 한 발자국 앞으로 나오자.
- 선생님이 했던 역할을 해 보고 싶은 친구가 있니?

5. 빠르기에 변화를 주어 노래를 부른다
- 이번에는 노랫말처럼 점점 빠르게 불러 보자.
- 이번에는 노랫말처럼 점점 느리게 불러 보자.

6. 활동에 대한 생각과 느낌을 이야기 나눈다.
- 너희가 직접 만든 노래 자료를 가지고 노래를 불러 보니 어떤 느낌이 들었니?
- 빠르기에 따라서 어떻게 느낌이 달라졌니?

유의점

- 일반적으로는 1절만 배운 후 다음 기회에 2절을 배우지만, 이 노래의 경우 교통기관만 바꾸어 반대로 부를 수 있어 1, 2절을 함께 배워도 효과적일 수 있다. 유아의 흥미와 발달을 고려하여 2절을 배우는 시기를

조절할 수 있다.
• 각 교통기관별 그림 그리는 유아의 수가 비슷하도록 조정한다.

확장 활동

• 노랫말 창작하기–다른 교통기관으로 바꾸어 불러 본다.

활동 자료

사전 활동

유아가 그린 노랫말 자료 1

유아가 그린 노랫말 자료 2

더 빠른 것 더 느린 것

김옥련 작사
김숙경 작곡

활동 8 노래 부분 창작하기

활동명	시장잔치	음악적 요소	리듬
목표	• 유아가 직접 노래의 부분을 창작해 보는 경험을 한다. • 과일과 채소의 종류와 특징이 담긴 노랫말과 리듬의 조화를 경험한다.		
자료	• 도입자료(과일 · 채소 가게 아주머니 막대 인형), 노랫말 자료(그림과 띠자료)		

활동 내용

1. 막대자료(과일 · 채소 가게 아주머니 막대 인형)로 도입한다.
• 우리 반에 오늘 시장에서 과일과 채소를 파는 과일 · 채소 가게 아주머니께서 놀러 오셨어. '아주머니' 하고 불러 볼까?

> 안녕하세요? 저는 시장에서 과일과 채소를 파는 사람이에요. 요즘 정말 맛있는 과일과 채소가 잘 팔리지 않아서 어떻게 하면 잘 팔 수 있을까 고민인데 좋은 생각 있나요? (유아들 생각 들어 봄)
> 그런 방법도 있군요. 저도 한번 생각해 봤는데 들어 볼래요? 각 과일과 채소는 특징이 있어서 그 특징을 강조하며 팔면 어떨까 생각했어요. 한번 제가 파는 모습을 볼래요?
> "수박 수박이 나왔어요. 시원한 수박이 뚱뚱해서 아주 맛있답니다."
> "참외 참외가 나왔어요. 샛노란 참외가 정말 꿀맛이에요."
> "내일은 못 사요 빨리빨리 사 가세요. 내일은 못 사요 다 떨어집니다."
> 어때요? 여러분이 응원해 주니 힘이 나네요. 계속 응원해 주세요. 시장으로 놀러 오구요. 저는 이제 갑니다. 안녕!

2. 노래를 소개한다.
• 오늘 부를 노래도 이렇게 시장에서 과일과 채소를 파는 내용을 담은 거야.
• 선생님이 먼저 불러 볼게(막대 인형 자료 조작하며 부른다).

3. 피아노 음을 들어 본다.

4. 한 가지 소리로 부른다.

5. 노랫말 자료를 보며 노랫말을 알아본다.
• 처음에 어떤 과일을 홍보했니? – 수박 – 누가 여기에 붙여 줄까?
• 뭐라고 홍보했을까?
• 내일은 못 산다고 어떻게 얘기했는지도 기억나니?

6. 다양한 방법으로 나누어 부른다.
• 너희는 파란색 부분 "내일은 못 사요" 부분만 불러 보자.

- 의자에 앉은 사람들은 수박팀이 되어 "뚱뚱해요" 부분을, 바닥에 앉은 사람들은 참외팀이 되어 "꿀맛이에요" 부분을 불러 보자. 파란색 부분은 다같이 부르자.
- 이번에는 어떻게 나누어 부르면 좋을까?

7. 다 함께 부른다.

8. 노랫말의 일부분을 창작한다.
- 시원한 대신 어떻게 바꾸면 좋을까?
- 뚱뚱하다는 표현 말고 어떻게 수박을 홍보할 수 있을까?

9. 활동에 대한 생각과 느낌을 이야기 나눈다.
- 오늘은 수박과 참외를 잘 팔기 위해 노랫말을 새롭게 만들어 노래를 불러 보았는데 어땠니?

유의점

- 교사가 정한 방향으로 하지 말고 유아의 의견을 충분하고 융통성 있게 수용하여 창작한다.

활동 자료

도입 자료

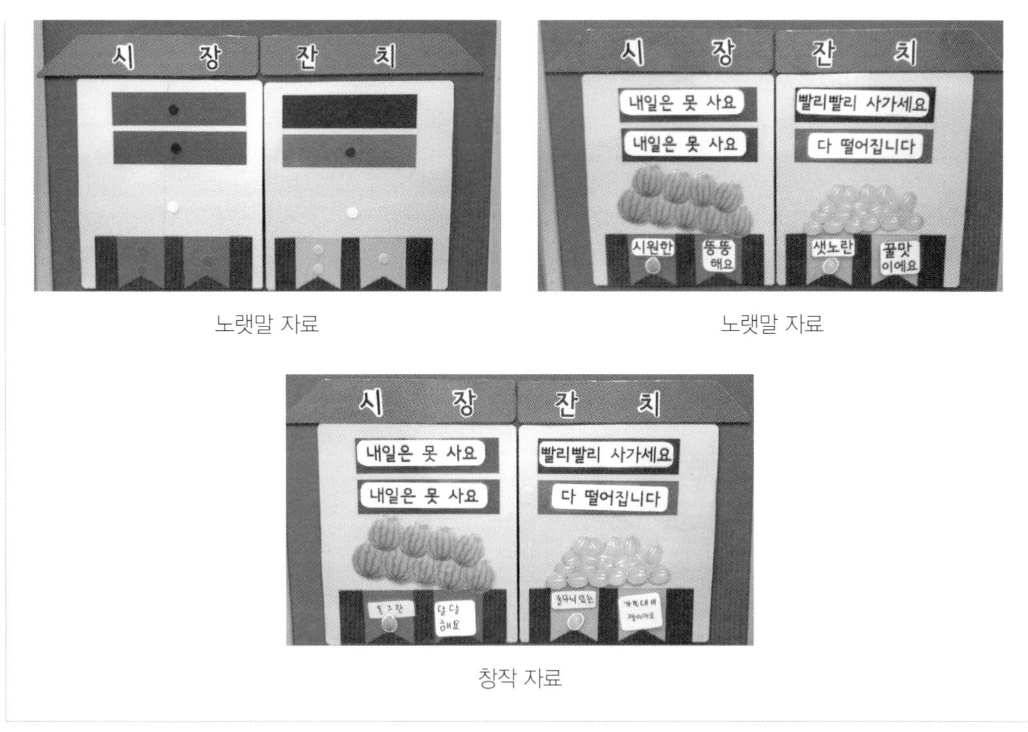

노랫말 자료 노랫말 자료

창작 자료

시장잔치

김성균 작사
김성균 작곡

활동 9 노래 전체 창작하기

<table>
<tr><td>활동명</td><td>건너가는 길</td><td>음악적 요소</td><td>리듬</td></tr>
<tr><td>목표</td><td colspan="3">• 노랫말을 지어 보며 창작의 즐거움을 느낀다.
• 노래를 부르며 안전하게 길을 건너는 방법을 안다.</td></tr>
<tr><td>자료</td><td colspan="3">• 노랫말 자료
• 화이트보드, 사인펜, 유성매직, 조각종이(일정한 크기)</td></tr>
<tr><td colspan="4">활동 내용</td></tr>
<tr><td colspan="4">1. '건너가는 길' 노래를 다 같이 부르며 주의 집중한다.

2. 노랫말 창작 활동을 소개한다.
• 오늘은 너희가 새로운 노랫말을 만들어 볼 거야.
• '건너가는 길' 노래의 2절을 만든다면 어떤 노랫말이 좋을까?
• 자전거는 어떤 길로 가야 할까? (유아들의 의견에 따라 다양한 주제로 정할 수 있다.).
• 자전거를 안전하게 타려면 어떻게 해야 할까?

3. 노랫말을 창작한다.
• 자전거를 탈 때에는 무엇을 조심해야 할까?
• 자전거를 탈 때 지켜야 할 규칙은 무엇일까?

4. 창작한 노랫말로 노래를 부른다.

5. 활동에 대한 생각과 느낌을 이야기 나눈다.
• 너희가 직접 2절의 노랫말을 만들어 보니 어떤 느낌이 드니?</td></tr>
<tr><td colspan="4">유의점</td></tr>
<tr><td colspan="4">• 교사가 적절한 질문을 통해 유아의 생각을 이끌어 낸다.
• 대그룹으로 진행할 수도 있고, 소그룹으로 나누어 진행할 수도 있다.</td></tr>
</table>

활동 자료

유아가 창작한 노랫말 자료

건너가는 길

활동 10 노래 부분 멜로디 창작하기

활동명	숲속 작은 집	음악적 요소	멜로디
목표	• 노랫말에 어울리는 멜로디를 창작한다. • 멜로디 창작의 즐거움을 경험한다.		
자료	• 노랫말 자료(아이와 토끼 손인형), 녹음기		

활동 내용

1. '숲속 작은 집' 노래를 부르며 소그룹으로 모여 앉는다.

2. 활동을 소개한다.
- 오늘은 이 노래 중 멜로디가 없는 부분에 멜로디를 만들어 볼 거야.
- 어떤 부분에 멜로디가 없을까? (날 좀 살려 주세요 날 좀 살려 주세요 날 살려 주지 않으면 포수가 빵 쏜대요)

3. 어떻게 멜로디를 만들면 좋을지 의견을 나눈다.
- 토끼의 마음이 어떨까?
- 너희가 만약 토끼였다면 어떤 목소리로 말했을까?
- 토끼의 말의 빠르기는 어땠을까?

4. 멜로디를 창작해 본다.
- 토끼가 말로 한 부분을 노래로 만들어 보자.

5. 소그룹별로 창작한 노래를 녹음한다.

6. 다 함께 모여 녹음한 노래를 들어 본다.
- 너희가 만든 '숲속 작은 집' 노래를 들어 보자.
- 다른 친구들이 만든 노래는 어떠니?

7. 활동에 대한 생각과 느낌을 이야기 나눈다.
- 너희가 직접 멜로디를 만들어 보니 어떤 느낌이 들었니?

유의점

- 대그룹보다는 소그룹으로 활동한다.
- 노랫말과 어울리는 멜로디로 창작하기 위해 토끼의 상황에 적절한 멜로디가 무엇일지 생각해 볼 수 있도록 안내한다.

확장 활동

- 음률 영역–유아가 부른 노래를 녹음한 것을 제공하여 자유롭게 감상한다.

활동 자료

손인형 자료

숲속 작은 집

외국 곡

(대사) 날 좀 살려주세요 / 날 좀 살려주세요 / 날 살려주지 않으면 / 포수가 빵 쏜대요 /

제9장

악기 다루기

활동 1 자유롭게 연주하기

활동 2 부분 연주하기 1

활동 3 부분 연주하기 2

활동 4 강박 약박 연주하기

활동 5 난타 연주하기

활동 6 리듬 창작하기를 이용한 연주하기

활동 7 종이 악기 연주하기

활동 8 리듬 오스티나토를 이용한 연주하기

활동 9 분담 합주를 통한 연주하기

활동 10 멜로디 악기 활용하기 1(보르둔 연주법)

활동 11 멜로디 악기 활용하기 2(보르둔 연주법)

활동 12 악기로 동화 효과음 만들기

활동 1 자유롭게 연주하기

활동명	그러면 안 돼	음악적 요소	리듬, 멜로디
목표	• 노래의 느낌을 리듬 악기로 표현한다. • 자유로운 연주를 통해 즐거움을 느낀다.		
자료	• 노랫말 자료, 리듬 악기류(템버린, 마라카스, 우드블록, 귀로 중 2~3개) • 악기 담을 바구니, 보자기		

활동 내용

1. '그러면 안 돼' 노래를 부른다.

2. 악기를 소개하고 어떻게 연주할지 이야기 나눈다.
 • 여기에 어떤 악기가 있니?
 • 선생님이 몇 개의 악기를 준비해 왔는데, 이 악기 중 어떤 악기로 연주하고 싶니?

3. 악기를 나누어 갖는다.

4. 각자 선택한 악기 소리를 탐색한다.
 • 너희가 선택한 악기 소리를 한번 내 보자. 먼저 ○○ 악기를 선택한 사람만 소리를 내 볼까?

5. 노래에 맞춰 유아들에게 자유롭게 연주하도록 한다.
 • 너희가 연주하고 싶은 부분에서 자유롭게 연주해 보자.
 • ○○ 악기를 가진 사람만 자유롭게 연주해 보자.

6. 유아들을 두 그룹으로 나눈 후 A 그룹은 노래를 부르고, B 그룹은 악기로 연주한다.

7. 악기를 서로 바꿔 연주한다.

8. 원하는 유아는 앞에 나와서 연주한다.

9. 악기를 정리한다.

10. 활동에 대한 생각과 느낌을 이야기 나눈다.
 • 너희가 자유롭게 연주를 해 보니 어떤 느낌이 들었니?

유의점

• 연령에 따라 악기의 수를 조절한다.
• 처음 제공하는 악기의 경우 올바른 사용 방법을 안내한다.

활동 자료

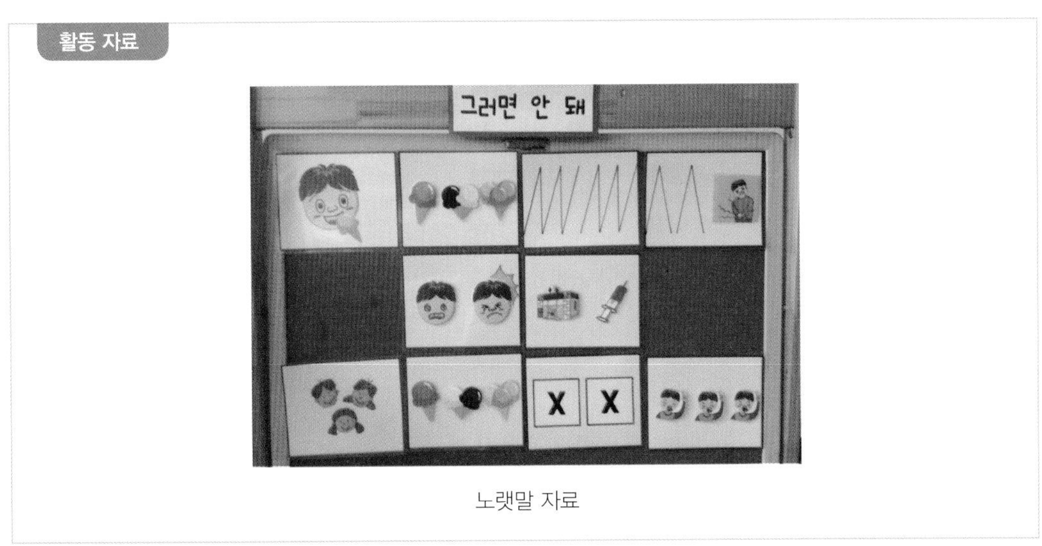

노랫말 자료

그러면 안 돼

김성균 작사
김성균 작곡

활동 2 부분 연주하기 1

활동명	봄비	음악적 요소	박, 리듬
목표	• 반복되는 의태어와 박에 맞춰 연주해 보면서 즐거움을 느낀다.		
자료	• 노랫말 자료, 리듬 악기류(트라이앵글과 캐스터네츠 등 두 종류의 악기), 악기 담을 바구니		

활동 내용

1. '봄비' 노래를 다 같이 부르며 주의 집중한다.

2. 활동을 소개한다.
• 오늘은 '봄비' 노래에 맞춰 악기연주를 해 볼 거야.

3. 노랫말 자료 중 어떤 부분을 연주할지 소개한 후 그 부분만 신체로 연주한다.
• 노래를 부르다가 '또로로로롱'과 '또로롱'이라고 나오는 부분만 손뼉치기 해 보자.
• 노래를 부르다가 '떼굴떼굴'이라고 나오는 부분만 무릎치기 해 보자.

4. 노래와 어울리는 악기를 생각해 본다.
• 어떤 악기가 '또로롱'이라는 노랫말과 가장 잘 어울린다고 생각하니? 왜 그렇게 생각했니?
• 오늘은 트라이앵글과 캐스터네츠 두 악기를 준비해 왔는데, '또로롱' 부분과 '떼굴떼굴' 부분을 각각 어떤 악기로 연주하는 게 좋을까?

5. 악기를 나누어 갖는다.
• 노래를 부르다가 '또로로로롱' 부분이 나오면 ○○악기로 연주하자.
• 노래를 부르다가 '떼굴떼굴' 부분이 나오면 ○○악기로 연주하자.

6. 다양한 방법으로 부분 연주를 한다.
• 이번에는 악기를 바꿔 연주해 보자.
• 치는 방법이 아닌 다른 방법으로 어떻게 연주할 수 있을까?
–트레몰로 주법으로 연주해 본다.

7. 악기를 정리한다.

8. 활동에 대한 생각과 느낌을 이야기 나눈다.
• '또로로로롱'과 '떼굴떼굴' 노랫말의 리듬에 맞춰 더 잘 어울리는 악기를 골라서 연주해 보니 어떤 느낌이 들었니?

유의점

- 어떤 부분을 연주할지 교사가 제시해 줄 수도 있지만 유아들의 의견을 듣고 유아들의 의견을 반영하여 부분 연주해 볼 수도 있다. 악기도 교사가 준비해 준 것이 아닌 다른 악기로 연주해 보길 원하는 경우, 바로 준비될 수 있으면 유아의 의견을 반영하여 해 보고 바로 준비하기 어려울 경우에는 다음에 유아들의 의견을 반영하여 할 것임을 말하고 반드시 지킨다.

활동 자료

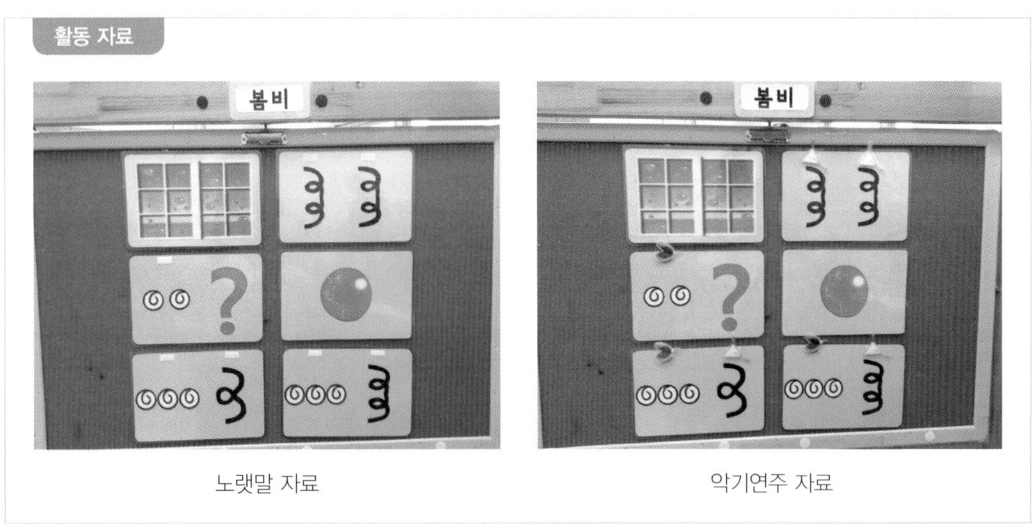

노랫말 자료　　악기연주 자료

활동 3 부분 연주하기 2

활동명	밀림으로	음악적 요소	리듬, 박
목표	• 반복되는 의태어와 박에 맞춰 연주해 보면서 즐거움을 느낀다.		
자료	• 노랫말 자료, 리듬 악기류(탬버린, 트라이앵글, 캐스터네츠, 우드블록) • 악기 담을 바구니, 보자기		

활동 내용

1. '밀림으로' 노래를 다 같이 부르며 주의 집중한다.

2. 활동을 소개한다.
- 오늘은 '밀림으로' 노래에 맞춰 악기 연주를 해 볼 거야.

3. 노랫말 자료 중 어떤 부분을 연주할지 소개한 후 그 부분만 신체로 연주한다.
- 노래를 부르다가 꿩, 물개, 다람쥐가 움직이는 모습을 나타낸 부분과 호랑이 소리를 나타낸 부분만 손뼉치기 해 보자.
- 이번에는 같은 부분을 무릎치기 해 보자.

4. 노래와 어울리는 악기를 생각해 본다.
- 선생님이 탬버린, 트라이앵글, 캐스터네츠, 우드블록 네 가지 악기를 준비해 왔어. 어떤 악기가 '푸드득 푸드득' 부분을 연주하는 데 가장 잘 어울린다고 생각하니?

5. 악기를 나누어 갖는다.
- 노래를 부르다가 '푸드득 푸드득' 부분이 나오면 ○○ 악기로 연주하자.

6. 다양한 방법으로 부분 연주를 한다.
- 다 같이 노래를 부르다가 자기가 갖고 있는 악기 표시가 있는 부분에서만 연주해 보자.
- 이번에는 악기연주하는 부분을 바꿔 볼까? '푸드득 푸드득' 부분을 어떤 악기로 연주하면 좋을지 누가 나와서 악기 표시를 붙여 주겠니?

7. 악기를 정리한다.

8. 활동에 대한 생각과 느낌을 이야기 나눈다.
- 또 어떤 방법으로 연주해 보고 싶니?

유의점

- '땅' 부분에서는 큰북을 사용하여 효과를 주거나 '푸드득 푸드득' '쑥쑥' '토독토독' 부분에서는 사용했던 악기 세 개 모두를 연주하는 방법으로 하는 것도 효과적이다.

활동 자료

노랫말 자료

악기연주 자료

밀림으로

김성균 작사
김성균 작곡

활동 4 강박 약박 연주하기

활동명	어린이날	음악적 요소	셈여림, 박, 박자
목표	• 강박과 약박의 느낌을 악기로 표현한다.		
자료	• 노랫말 자료, 강박(●)과 약박(○) 기호 • 리듬 악기(강박 악기: 템버린, 약박 악기: 캐스터네츠) • 악기 담을 바구니, 보자기		

활동 내용

1. '어린이날' 노래를 다 같이 부르며 주의 집중한다.

2. 활동을 소개한다.
- 오늘은 '어린이날' 노래에 맞춰 연주를 해 볼 거야.

3. 강박과 약박을 소개한다.
- 모든 노래에는 강한 박과 약한 박이 함께 있어. 오늘은 강한 박과 약한 박을 악기로 연주해 볼 거야.
- '어린이날' 노래는 강한 박과 약한 박이 어떻게 이루어져 있는지 리듬표를 볼까?
- ★ 표시는 '뒤의 동그라미와 같이 연주하세요.'라는 뜻이야. 어떻게 연주하라는 걸까? (●은 강박을 의미, ○은 약박을 의미)

4. 교사가 신체로 강박과 약박을 연주한다.
- 다 같이 말로 따라 해 볼까? → (리듬표를 가리키며) 쿵(강박) 짝짝짝(약박)
- 이번에는 선생님이 몸으로 보여 줄게. → 쿵(오른발로 바닥을 친다.) 짝짝짝(손뼉을 친다.)

5. 노랫말 자료를 보며 강박과 약박을 신체로 연주한다.
- 선생님 오른쪽에 앉은 사람은 노래를 불러 주고, 선생님 왼쪽에 앉은 사람은 발과 손으로 연주해 보자(노랫말 자료에 있는 ★표시를 가리키며).
- 이번에는 바꿔서 해 보자.

6. 탬버린과 캐스터네츠를 제시하며 강박과 약박에 어울리는 악기를 정한다.
- 두 악기 중 더 강한 느낌을 주는 악기는 어떤 것일까?
- 그럼 '쿵' 부분에서 ○○ 악기로 연주하고, '짝' 부분에서는 ○○ 악기로 연주하자.

7. 악기를 나누어 갖는다.

8. 각 악기별로 연주한다.
- 이번에는 '쿵' 부분만 ○○ 악기로 연주해 보자.

- 이번에는 '짝' 부분만 ○○ 악기로 연주해 보자.

9. 노래에 맞춰 다 함께 연주한다.
- 이번에는 악기를 바꾸어 연주해 보자.

10. 악기를 정리한다.

11. 활동에 대한 생각과 느낌을 이야기 나눈다.
- '쿵'에 어울리는 악기와 '짝'에 어울리는 악기를 함께 연주해 보니 어땠니?
- '쿵'에 어울리는 다른 악기에는 어떤 것이 있을까?

유의점

- 다양한 강박 악기와 약박 악기를 제시하여 유아가 선택한 악기로 연주하도록 한다.
- 일상생활 용품을 활용하여 연주한다(예: 냄비 뚜껑, 생수통, 젓가락).
- 신체악기로 연주할 때 강박과 약박의 느낌을 확실하게 표현하며 연주한다.
- 유아들이 연주할 차례에 맞춰 교사가 지휘를 해 주면 효과적인데, 이때 강박과 약박의 느낌을 담아 지휘를 하도록 한다.

활동 자료

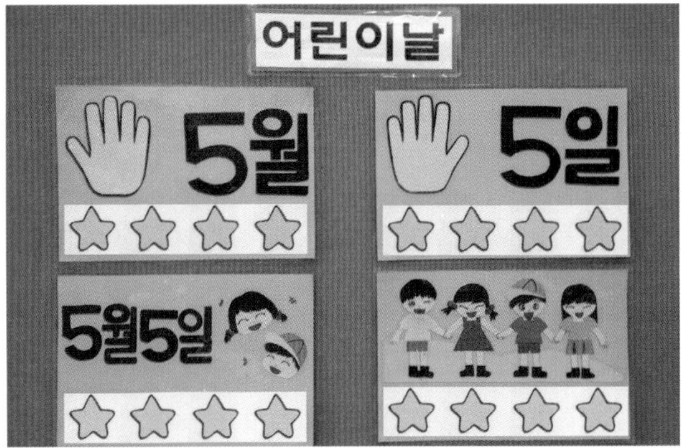

노랫말 자료

리듬표

어린이날

유경손 작사
나운영 작곡
C G C
오 른 -손 짝 펴 면 오 월 이 되 구 요
나 무 -는 하늘 보 고 쭉 쭉 - 자 라 고
C G C
왼 손 -을 짝 펴 면 오 일 이 되 지 요
우 리 -는 땅을 딛 고 씩씩 하 게 자 라 요
F C
오 월 오 일 은 어 린 -이 - 날
오 월 오 일 은 어 린 -이 - 날
F C G7 C
오 늘 은 즐 - 거 운 우 리 들 의 날
오 늘 은 자 라 나 는 새 싹 들 의 날

활동 5 난타 연주하기

활동명	난타(헝가리 무곡)	음악적 요소	박, 리듬, 셈여림
목표	• 주변의 생활용품을 활용하여 악기연주를 한다.		
자료	• 연주표, 생활용품 중 생수통이나 커다란 냄비, 리듬 막대나 북채 • 브람스의 '헝가리 무곡' 음악 중 일부		

활동 내용

1. 음악을 듣는다.

2. 활동을 소개한다.
- 이 음악은 무엇일까?–'헝가리 무곡'
- 오늘은 이 음악에 맞춰 난타를 해 볼 거야.
- 난타가 무엇이었는지 기억나니?

3. 연주표를 보고 기호에 대해 이야기 나눈다.
- 이 표시(◯)는 왼손으로 왼쪽을 연주하라는 뜻이고, 이 표시(|)는 오른손으로 오른쪽을 연주하라는 뜻이야. 그리고 이 표시(㊀)는 양손으로 연주하라는 뜻이야. (교사가 손으로 연주하는 흉내를 내며 알려 준다.)

4. 연주표를 보면서 교사가 손으로 무릎 장단을 쳐 본다.

5. 연주표를 보면서 유아와 함께 손으로 무릎 장단을 쳐 본다.

6. 리듬 막대나 북채를 나누어 갖는다.

7. 연주표를 보면서 유아와 함께 리듬 막대나 북채로 리듬을 쳐 본다.

8. 음악에 맞춰 난타를 해 본다.

9. 활동에 대한 생각과 느낌을 이야기 나눈다.
- 생수통으로 연주를 하니 악기로 연주했을 때와 어떻게 다르니?
- 또 어떤 물건으로 연주하면 좋을까?

유의점

- 너무 세게 쳐서 소음이 되지 않도록 유의한다.
- 장구 연주표를 적용하거나 유아가 이해하기 쉬운 기호로 바꾸어 제시할 수 있다.

확장 활동

- 생수통 외에 생활용품을 보다 다양하게 준비하여 연주하도록 한다.

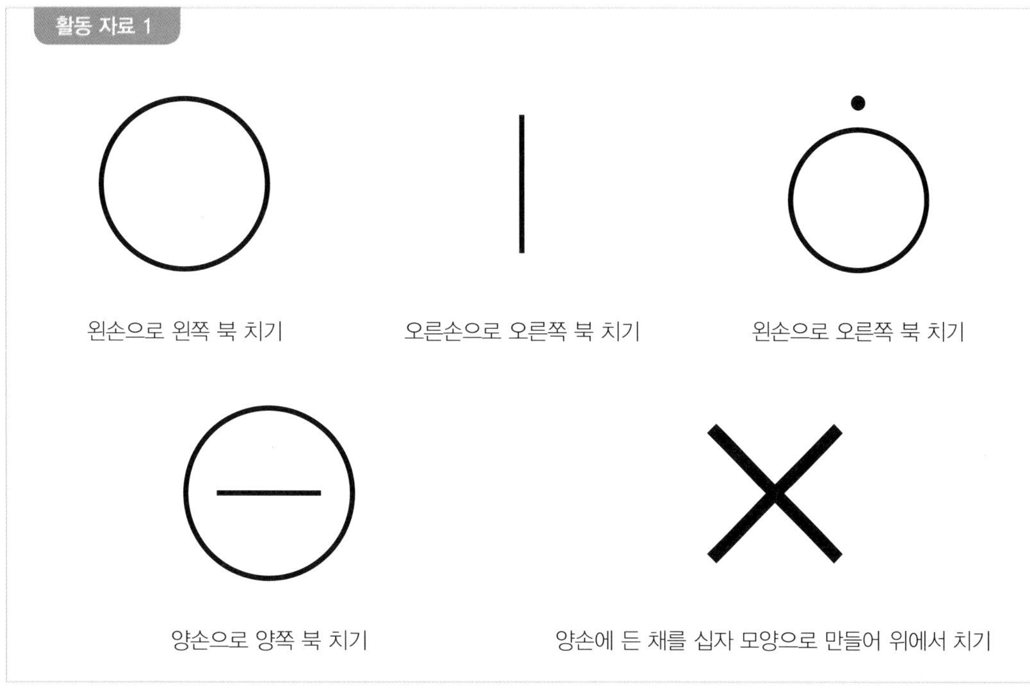
활동 자료 1
왼손으로 왼쪽 북 치기
오른손으로 오른쪽 북 치기
왼손으로 오른쪽 북 치기
양손으로 양쪽 북 치기
양손에 든 채를 십자 모양으로 만들어 위에서 치기

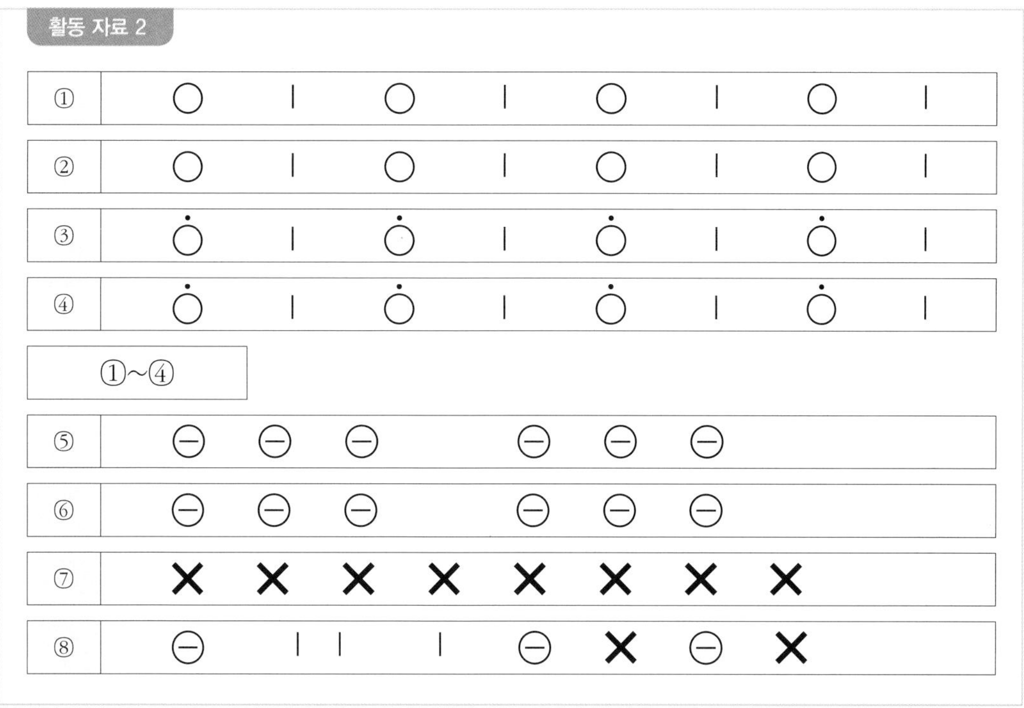
활동 자료 2
①
②
③
④
①~④
⑤
⑥
⑦
⑧

헝가리 무곡

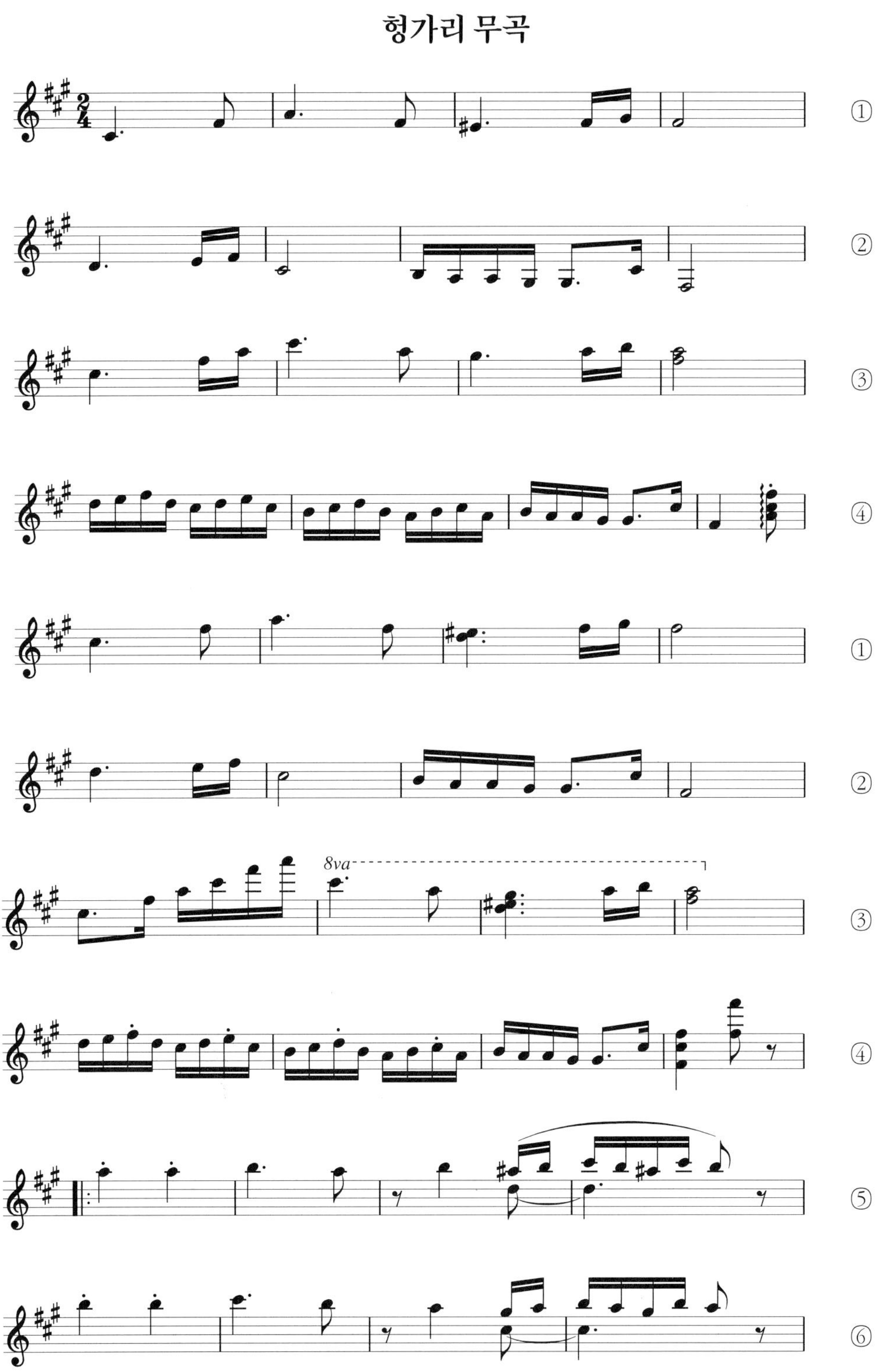

〈계속〉

⑦
⑧

활동 6 리듬 창작하기를 이용한 연주하기

활동명	개구리	음악적 요소	리듬
목표	• 리듬을 바꾸면서 창작의 즐거움을 경험한다.		
자료	• 노랫말 자료, 개구리 리듬패턴 자료, 리듬 악기		

활동 내용

1. '개구리' 노래를 부른다.

2. 활동을 소개한다.
• '개구리' 노래에서 개구리 소리를 나타내는 부분의 리듬을 새로 만들어 볼 거야.
• 리듬이 무엇일까? 소리가 길고 짧게 나는 것을 리듬이라고 한단다.

3. 신체로 연주한다.
• 엄마 개구리가 노래 부르는 부분만 손뼉치기 해 보자.
• 엄마 개구리가 노래 부르는 부분만 무릎치기 해 보자.

4. 리듬패턴 카드를 보고 리듬치기를 한다.
• 지금 손뼉 쳤던 부분을 리듬 카드로 만들면 어떻게 되는지 알아보자.
• 리듬 카드를 보고 다시 한 번 손뼉치기를 해 보자.

5. 유아들이 리듬패턴을 만든다.
• 너희 중 누가 나와서 새롭게 리듬을 만들어 볼까?

6. 새롭게 만든 리듬패턴으로 리듬치기를 한다.
• ○○이가 만든 리듬에 맞춰 손뼉치기를 해 보자.
• 이번에는 무릎치기를 해 보자.

7. 악기를 나누어 갖는다.

8. 새롭게 만든 리듬패턴으로 연주한다.
• ○○이가 만든 리듬에 맞춰 연주해 보자(새롭게 만든 리듬 부분만 연주한다).

9. 다 함께 창작한 리듬에 맞춰 노래하며 연주한다.
• 이번에는 ○○이가 만든 리듬으로 다 같이 노래 부르다가 연주해 보자.
• 이번에는 누가 나와서 다르게 바꿔 보겠니?

10. 악기를 정리한다.

11. 활동에 대한 생각과 느낌을 이야기 나눈다.
- 너희가 직접 리듬을 만들어 연주해 보니 어떤 느낌이 들었니?

유의점
• 연잎은 일정한 크기로 만들어 정확한 박을 나타내도록 한다.

활동 자료

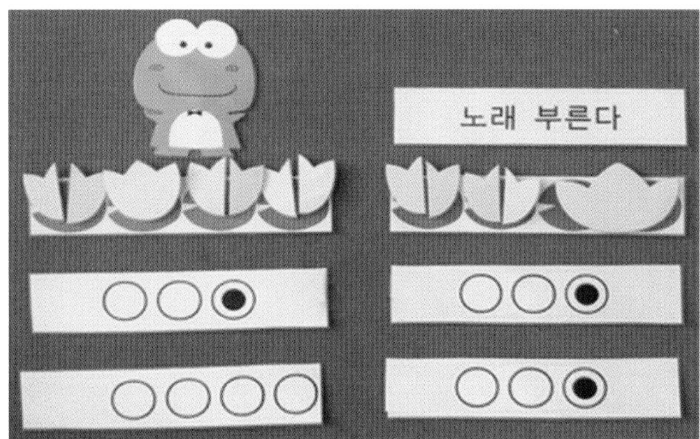

노랫말 자료

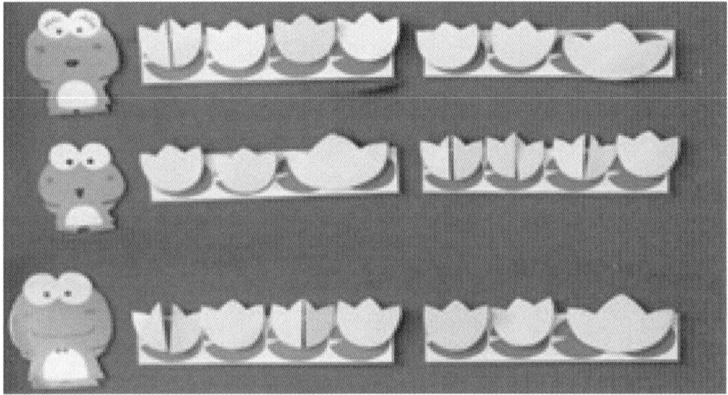

악기연주 자료

개구리

김성균 작사
김성균 작곡
F C F C F C
엄 마 개 구 리 가 노 래 부 른 다 꽥 꽥 꽥 꽥 꽥 꽥 꽥 꽥 꽥 꽥 꽥 꽥
아 기 개 구 리 가 노 래 부 른 다 깩 깩 깩 깩 깩 깩 깩 깩 깩 깩 깩 깩
아 빠 개 구 리 도 노 래 부 른 다 골 골 골 골 골 골 골 골 골 골 골 골
F C F B♭ F C F C F B♭ F C F
이 야 이 야 요 이 야 이 야 요 이 야 이 야 이 야 이 야 이 야 이 야 요

활동 7 종이 악기 연주하기

활동명	밀림으로	음악적 요소	박, 박자
목표	• 종이로 다양한 소리를 만들어 연주한다. • 박에 맞춰 종이로 연주한다.		
자료	• 노랫말 자료, 종이 악기 연주표, 종이나 신문지		
활동 내용			

1. '밀림으로' 노래를 다 같이 부르며 주의 집중한다.

2. 활동을 소개한다.
• 오늘은 '밀림으로' 노래에 맞춰 연주해 볼 거야.

3. 연주 재료를 소개한다.
• 선생님 앞에 무엇이 있니?–신문지 또는 종이
• 이 종이로 어떻게 연주할 수 있을까?

4. 종이를 탐색한다.
• 선생님이 나누어 주는 종이를 갖고 어떻게 연주할 수 있을지 소리를 찾아보자.

5. 유아가 탐색한 소리에 대해 이야기 나눈다.

6. 종이 악기 연주표를 보며 어떻게 연주하는 것인지 이야기 나눈다.
• 이 표시는 어떻게 연주하라는 걸까?

7. 노래 없이 연주표를 보며 연주해 본다.

8. 노래에 맞춰 연주한다.
• 이제 다 같이 노래에 맞춰 종이로 연주해 보자.

9. 종이 악기를 정리한다.

10. 활동에 대한 생각과 느낌을 이야기 나눈다.
• 오늘은 종이로 연주해 보았는데 어땠니?
• 오늘은 종이로 연주해 보았는데, 만일 악기로 연주한다면 어떤 악기가 좋을까?

유의점
• 연주 표 없이 충분한 종이탐색 시간을 가진 후 활동해 볼 수도 있다. • 연주 표를 활용한다면 연주 표시를 미리 정해 만들어 올 수도 있고, 유아들과 함께 정한 표시를 그릴 수 있도록 코팅된 것을 사용할 수도 있다.
확장 활동
• 연주하기–종이 악기 연주표를 교실에 제시하고, 종이 악기 외에도 일반 악기로 연주해 보도록 한다.

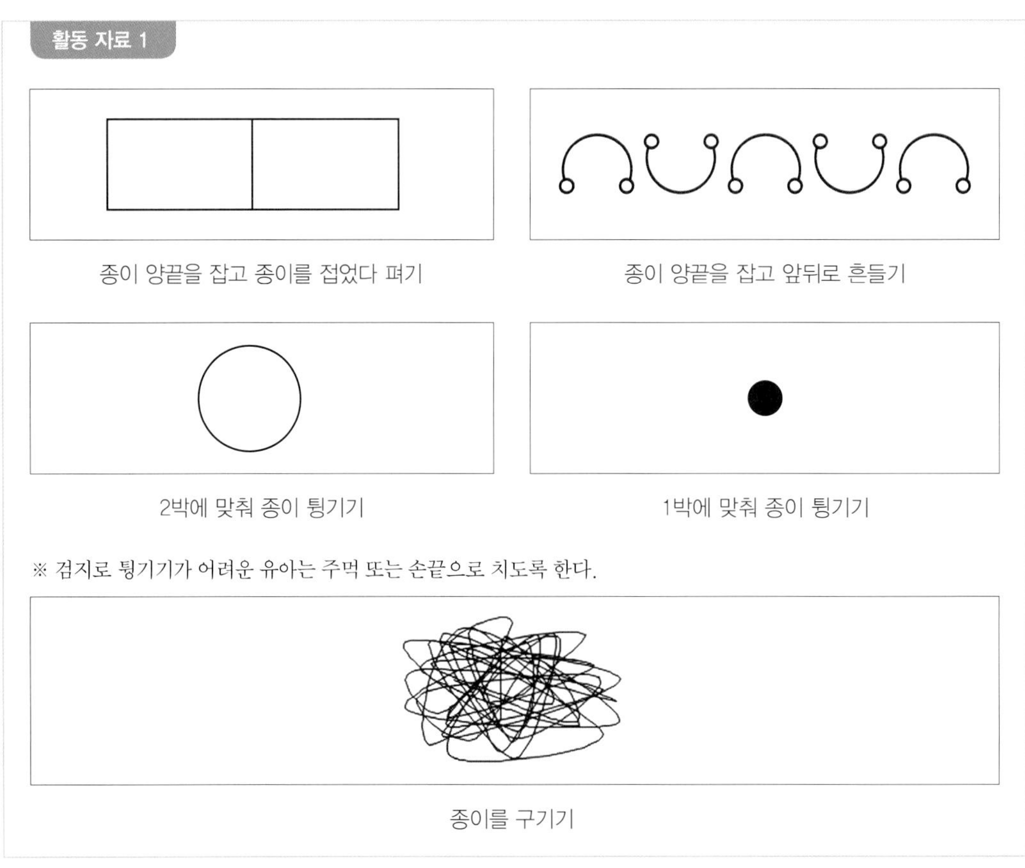

'밀림으로' 악보는 '활동 3. 부분 연주하기 2'를 참조한다.

활동 자료 2

산 속에 깊 은 강 – – –

산 속에 깊 은 강 – – –

배 를 타 고 배 를 타 고

밀 림 으 로 밀 림 으 로

푸드득 푸드득

꿩 두 마 리

쑥 쑥

물개 두 마 리

토독 토독

다람쥐 두 마 리

달려 든다 호 랑 이 – 땅

활동 8 리듬 오스티나토를 이용한 연주하기

활동명	꼬마야 꼬마야	음악적 요소	리듬
목표	• 리듬에 맞춰 전통 악기(소고)로 연주한다. • 말 리듬을 이용한 연주를 통해 리듬감을 향상시킨다.		
자료	• 전통 악기(말 리듬표), 소고		
활동 내용			

1. 활동을 소개한다.
• 오늘은 '꼬마야 꼬마야' 노래에 맞춰 연주해 볼 거야.

2. 리듬 오스티나토를 보고 입장단을 해 본다.
• 어떤 그림이니?
• 이 그림은 어떤 리듬을 나타내는 걸까?
• 교사가 리듬을 말로 해 본다.–한 번 뛰어 봐

3. 리듬 오스티나토를 보며 신체로 연주한다.
• 이번에는 바닥에 앉은 사람들은 노래를 부르고, 의자에 앉은 사람들은 무릎 장단을 쳐 보자.
• 이번에는 바꿔서 해 보자.
• 이번에는 바닥에 앉은 사람들은 노래를 부르고, 의자에 앉은 사람들은 손뼉으로 리듬을 쳐 보자.
• 이번에는 바꿔서 해 보자.

4. 악기를 나누어 갖는다.

5. 리듬 오스티나토를 보며 전통 악기(소고)를 쳐 본다.
• 이번에는 소고로 쳐 보자.

6. 음악에 맞춰 소고로 연주한다.
• 유아들을 두 그룹으로 나눈다.
• A 그룹은 노래를 부르고 B 그룹은 소고로 연주한다.
• 바꿔서 해 본다.

7. 반복되는 부분('꼬마야 꼬마야')만 연주한다.

8. 일어나 돌면서 연주한다.

9. 유아들이 리듬 오스티나토를 만들어 보고 연주한다.

10. 악기를 정리한다.

11. 활동에 대한 생각과 느낌을 이야기 나눈다.

- 오늘은 너희들이 말로 리듬을 만들어서 연주해 보았는데 어땠니?
- 소고 대신 또 어떤 악기로 연주하면 좋을까?
- 왜 그렇게 생각하니?

유의점
• 리듬 오스티나토는 연주해 보고자 하는 내용에 맞춰 자유롭게 만들어 볼 수 있다.

꼬마야 꼬마야

전래동요

Am
꼬마야 꼬마야 뒤 로 돌아라 꼬마야 꼬마야 한 발을들어라
Am
꼬마야 꼬마야 땅 을 짚어라 꼬마야 꼬마야 손 뼉을쳐 라
Am
꼬마야 꼬마야 만 세를불러라 꼬마야 꼬마야 잘 –가 거라

활동 9 분담 합주를 통한 연주하기

활동명	몰래 들어와서는	음악적 요소	셈여림
목표	• 노래의 부분을 나누어 연주할 때와 친구와 함께 연주해 볼 때 차이점을 느껴 보고 연주의 기쁨을 느낀다. • 점점 세게와 점점 여리게 연주 방법을 알고 연주의 묘미를 느낀다.		
자료	• 노랫말 자료, 악기표시 자료와 셈여림표(점점 크게, 점점 여리게)		
활동 내용			

1. '몰래 들어와서는' 노래를 부른다.

2. 활동을 소개한다.
- 오늘은 '몰래 들어와서는' 노래에 맞춰 함께 연주해 볼 거야.

3. 준비한 악기를 소개한다.
- 오늘은 두 가지 악기를 준비해 왔어. 어떤 악기가 있나 알아보자.
- 오늘은 한 악기만 연주해 보기도 하고 두 악기를 같이 연주해 보기도 할 거야.
- 각 악기의 소리가 어떤지 들어 보자. 누가 나와서 악기소리를 들려줄까?
- 탬버린은 어떤 방법으로 연주할 수 있을까?
- 트라이앵글은 어떤 방법으로 연주할 수 있을까?

4. 악기를 나누어 갖는다.

5. 자유롭게 연주해 본다.

6. 노랫말 자료를 보고 노래를 부르면서 분담해 연주할 부분과 합주할 부분을 알아본다.
- 각 노래 부분을 어떤 악기로 어떻게 연주하면 좋을지 그리고 어떤 방법으로 연주할지 생각해 보자.
- '나뭇잎들이 나뭇잎들이 찰찰찰찰 놀이하는데' 부분은 어떤 악기로 연주하면 좋을까? 어떤 방법으로 연주하면 좋을까? 누가 나와서 ○○악기 모양을 여기에 붙여 줄래?
- 다른 부분은 어떻게 할까? 연주를 하지 않을지, 한 개의 악기로 연주할지, 두 개 악기 모두로 연주할지 정한다. 연주 방법도 치기로 할지 트레몰로 주법으로 할지 정한다.

7. 악기별로 두 팀으로 나눈다.

8. 신체로 연주한다.
- 자기가 맡은 부분에서만 손뼉치기 해 보자.
- 자기가 맡은 부분에서만 발구르기 해 보자.

9. 두 팀으로 나누어 자기가 맡은 악기 부분을 연주한다.

10. 점점 크게(크레셴도)와 점점 여리게(데크레셴도)를 적용하여 연주한다.
- 이 기호는 어떻게 연주하라는 걸까?
- 어느 부분에 이 기호(점점 크게)를 붙이면 좋을까? 왜 그렇게 생각했니?

11. 신체로 연주한다.
- 어떻게 표현할 수 있을까?-손뼉을 점점 크게 치기, 발을 점점 크게 구르기 등

12. 악기를 이용해 점점 크게와 점점 여리게를 적용하여 연주한다.

13. 활동에 대한 생각과 느낌을 이야기 나눈다.
- 한 가지 악기로도 연주해 보고 두 악기를 같이 연주해 보기도 했는데 느낌이 어떻게 달랐니?
- 점점 크게 또 점점 작게를 적용해 악기를 연주해 보았는데 어땠니?

유의점

- 분담 합주를 하지만 연주 방법은 자유롭게 하는 것으로 출발한다. 유아가 노래에 맞춰 연주하는 것이 익숙해지면 리듬표를 만들어 정해진 리듬에 맞춰 연주해 볼 수 있도록 하며, 더 나아가 유아가 만든 리듬으로 연주해 보도록 한다.
- 악기별로 연주할 부분과 합주할 부분은 유아들의 의견을 최대한 반영하여 연주해 보도록 한다.

활동 자료

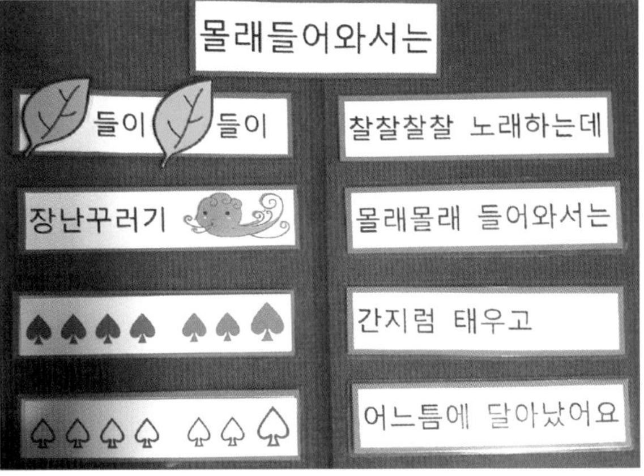

노랫말 자료

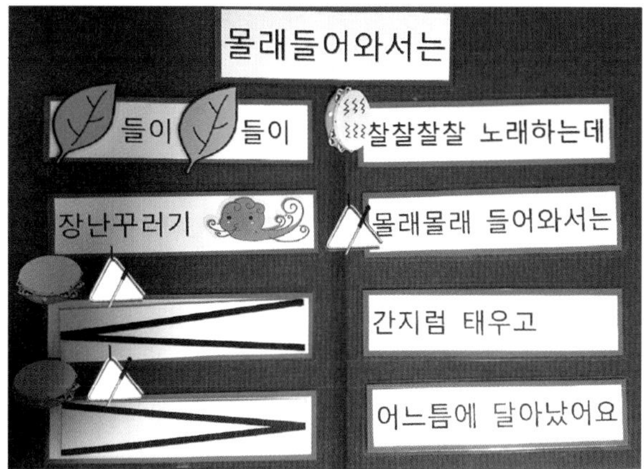

악기연주 자료

리듬표에 맞춰 연주할 때 활용할 수 있는 자료

• 리듬표에서 연주하는 부분과 쉬는 부분을 알려 주고 유아와 함께 말 리듬을 정해 본다.
  – 연주하는 부분의 말 리듬의 예: 쿵 또는 짝 또는 치고
  – 쉬는 부분의 말 리듬의 예: 쉿 또는 쉬고
• 이런 리듬표는 한 번 적용하면 일 년 동안 말 리듬을 바꾸지 않는 게 효과적이다.

몰래 들어와서는

김성균 작사
김성균 작곡

활동 10 멜로디 악기 활용하기 1(보르둔 연주법)

활동명	숲속의 합창	음악적 요소	멜로디, 화성
목표	• 멜로디 악기로 화성을 경험한다.		
자료	• 노랫말 자료, 실로폰 또는 공명바나 핸드벨		
활동 내용			

1. '숲속의 합창' 노래를 부른다.

2. 활동을 소개한다.
• 오늘은 '숲속의 합창' 노래에 맞춰 실로폰(또는 공명바나 핸드벨)으로 연주해 볼 거야.

3. 악기의 소리를 들려준다.
• 선생님이 실로폰을 준비해 왔는데 어떤 것에는 빨간색, 어떤 것에는 노란색, 어떤 것에는 파란색 스티커가 붙어 있어. 너희들이 세 가지 색 중 한 가지를 선택해서 스티커가 붙어 있는 부분만 연주해 볼 거야.
• 먼저 선생님이 연주해 볼게. 어떤 소리가 나는지 들어 보자.
−빨간색 스티커가 붙어 있는 두 개의 음을 한 개씩 들려주고 난 후, 두 음을 함께 들려준다.
(도와 솔) → 들어 보니 소리가 어떻니?
−노란색 스티커가 붙어 있는 두 개의 음을 한 개씩 들려주고 난 후, 두 음을 함께 들려준다.
(솔과 레) → 들어 보니 소리가 어떻니?
−파란색 스티커가 붙어 있는 두 개의 음을 한 개씩 들려주고 난 후, 두 음을 함께 들려준다.
(파와 도) → 들어 보니 소리가 어떻니?

4. 노랫말 자료를 보며 어떻게 연주할지 알아본다.
• 조금 전에 불러 보았던 '숲속의 합창' 노랫말 자료야. 여기에 무엇이 붙어 있니?
−빨강, 노랑, 파란색 스티커
• 실로폰 연주를 하기 전에 목소리와 신체로 박자를 언제 연주할지 알아볼 거야.
• 선생님을 따라 해 보자.
−'딩 − − 딩 − − 딩 − − 딩 − − ' 3박마다 소리를 낸다.
• 이번에는 손뼉을 쳐 보자.
−3박마다 손뼉을 친다.
• 이번에는 무릎을 쳐 보자.
−3박마다 무릎을 친다.

5. 악기를 나누어 갖는다.
• 유아들이 원하는 색깔별로 앉는다.

6. 실로폰을 자유롭게 연주해 본다.

7. 악기연주 자료를 보고 색깔별로 연주해 본다.
- 손뼉을 친 것처럼, 무릎을 쳤던 것처럼 연주를 하면 돼.

8. 다 함께 연주해 본다. (교사는 연주하는 순서에 맞춰 손으로 알려준다.)
- 이번에는 다 함께 연주해 보자.
- 선생님이 누가 연주할지 손으로 알려 줄게.

9. 실로폰을 바꿔 연주해 본다.

10. 악기를 정리한다.

11. 활동에 대한 생각과 느낌을 이야기 나눈다.
- 두 개의 음을 동시에 연주해 보고 들어 보았는데 어땠니?

유의점
• 악기를 나누어 앉을 때는 같은 색깔 스티커별로 모여 앉는다.

활동 자료

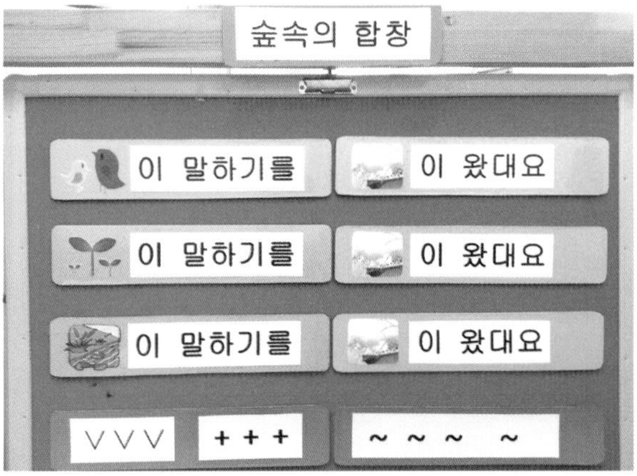

노랫말 자료

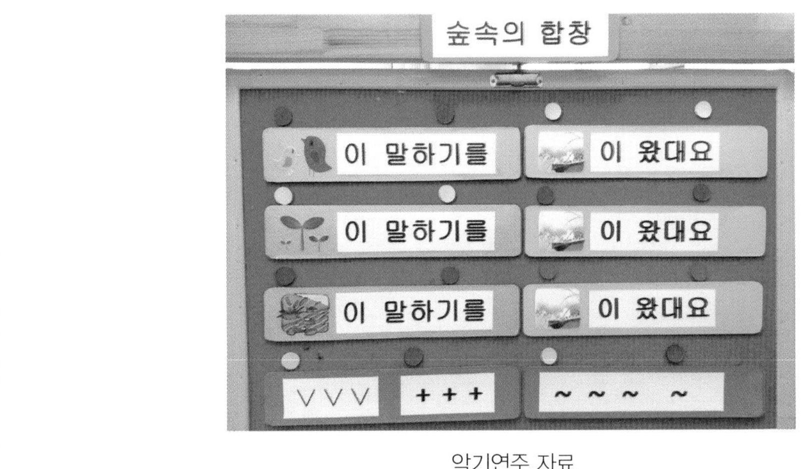

악기연주 자료

숲속의 합창

김성균 작사
김성균 작곡

활동 11 멜로디 악기 활용하기2(보르둔 연주법)

활동명	메리 크리스마스	음악적 요소	멜로디, 화성
목표	• 멜로디 악기로 화성을 경험한다.		
자료	• 실로폰 또는 공명바나 핸드벨		

활동 내용

1. '메리 크리스마스' 노래를 부른다.

2. 활동을 소개한다.
- 오늘은 '메리 크리스마스' 노래에 맞춰 실로폰(또는 공명바나 핸드벨)으로 연주해 볼 거야.

3. 악기의 소리를 들려준다.
- 선생님이 실로폰을 준비해 왔는데, 왼쪽에 있는 실로폰에는 빨간색 스티커가 붙어 있고, 오른쪽에 있는 실로폰에는 파란색 스티커가 붙어 있어. 너희들이 두 가지 색 중 한 가지를 선택해서 스티커가 붙어 있는 부분만 연주해 볼 거야.
- 먼저 선생님이 연주해 볼게. 어떤 소리가 나는지 들어 보자.
  - 빨간색 스티커가 붙어 있는 두 개의 음을 한 개씩 들려주고 난 후, 두 음을 함께 들려준다.
    (도와 솔) → 들어 보니 소리가 어떻니?
  - 파란색 스티커가 붙어 있는 두 개의 음을 한 개씩 들려주고 난 후, 두 음을 함께 들려준다.
    (파와 도) → 들어 보니 소리가 어떻니?

4. 노랫말 자료를 보며 어떻게 연주할지 알아본다.
- 지난번에 함께 배웠던 '메리 크리스마스' 노랫말 자료를 다시 갖고 왔어. 그런데 달라진 부분이 있단다.
- 어디가 달라졌는지 알아보자. 어느 부분이 달라졌니?
  - 노랫말 자료에 빨간색 스티커와 파란색 스티커가 붙은 부분이 있다.
- 다 같이 선생님을 따라 해 보자.
  - '딩 – – – 딩 – – – 딩 – – – 딩 – – –' 4박마다 소리를 낸다.
- 이번에는 손뼉을 쳐 보자.
  - 4박마다 손뼉을 친다.
- 이번에는 무릎을 쳐 보자.
  - 4박마다 무릎을 친다.

5. 악기를 나누어 갖는다.

6. 실로폰을 자유롭게 연주해 본다.

7. 악기연주 자료를 보고 색깔별로 연주해 본다.
 • 손뼉을 쳤던 것과 마찬가지로 연주를 하면 돼.

8. 다 함께 연주해 본다(교사는 연주하는 순서에 맞춰 손으로 알려 준다.)
 • 선생님이 누가 연주할지 손으로 알려 줄게.

9. 실로폰을 바꿔서 연주해 본다.

10. 악기를 정리한다.

11. 활동에 대한 생각과 느낌을 이야기 나눈다.
 • 두 개의 음을 동시에 쳤을 때 느낌이 어땠니?

유의점

- 실로폰을 사용하여 연주할 때에는 사용이 쉬우면서도 화음을 느낄 수 있도록 2개의 판만 남겨 놓고 나머지 판은 떼어 낸다. 떼어지지 않는 실로폰인 경우에는 색깔이나 모양으로 미리 표시해 둔다.
- 한 곡에 여러 개의 화음이 있는 곡보다는 2~3개 정도만 있는 것이 바람직하다.

확장 활동

- 연주하기 1: 실로폰 채를 동시에 치지 않고 한 개씩 번갈아 쳐 본다.
- 연주하기 2: 2박마다 연주해 본다.

활동 자료

노랫말 자료

악기연주 자료

	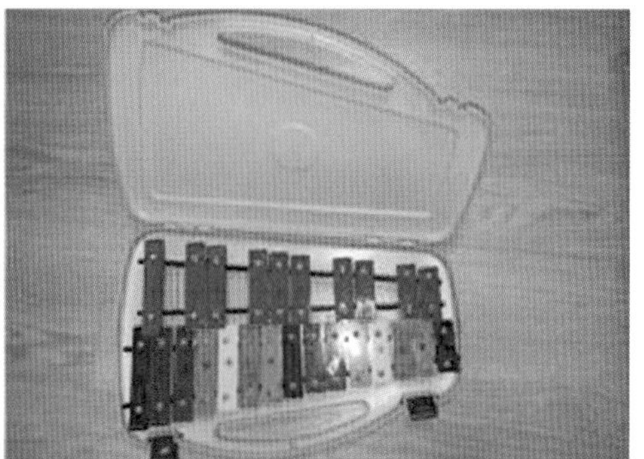
도와 솔에 빨간색 스티커를 붙인 자료	파와 도에 파란색 스티커를 붙인 자료
… 내려오면서 무슨 말할까 … … 내려오면서 무슨 말할까 …	소복소복 하얀 눈이… 무슨 말할까? 소복소복 하얀 눈이… 무슨 말할까?

〈제2장 '멜로디와 화성'의 보르둔 연주법 참고〉

메리 크리스마스

메리 크리스마스 x 3

활동 12 악기로 동화 효과음 만들기

활동명	사과가 쿵	음악적 요소	소리, 음색
목표	• 동화 속 이야기를 다양한 음색을 가진 악기로 표현한다.		
자료	• 동화책이나 동화 자료('사과가 쿵') • 다양한 리듬이나 악기(마라카스, 탬버린, 트라이앵글, 캐스터네츠, 귀로, 카바사, 윈드차임, 오션 드럼, 레인스틱, 방울, 큰북 등), 실로폰		

활동 내용

1. 활동을 소개한다.
• 오늘 선생님이 들려주었던 '사과가 쿵' 동화 속 이야기를 악기로 연주해 볼 거야.

2. 악기를 소개한다.
• 동화 속 이야기와 가장 잘 어울리는 악기가 무엇일지 함께 정해 보자.

3. 동화 장면을 보여 주며 악기를 정한다.
• 이 장면과 어울리는 악기는 무엇일까?

4. 악기를 나누어 갖는다.

5. 동화에 맞춰 악기로 효과음을 만든다.
• 선생님이 들려주는 이야기에 맞춰 너희가 연주해 보자(예: '사과가 쿵'에서 큰북을 친다.).

6. 이야기와 악기 소리를 녹음한다.

7. 녹음한 것을 들어 본 후 느낌을 이야기 나눈다.
• 이야기에 맞춰 녹음한 것을 들으니 어떤 느낌이 드니?
• 어떤 부분을 바꾸면 더 좋을 것 같니?

8. 유아의 생각대로 수정하여 다시 효과음을 만든다.
• 이번에는 너희가 바꾸길 원하는 부분을 바꿔서 한 번 더 만들어 보자.

9. 악기를 정리한다.

10. 활동에 대한 생각과 느낌을 이야기 나눈다.
• 그냥 동화를 들었을 때와 악기로 효과음을 만들어 동화를 들었을 때 어떻게 달랐니?

유의점
• 교사는 활동 전에 어떤 부분에 효과음을 만들지 미리 생각하고 고려하여 악기를 준비한다.

효과음 만들기에 적합한 동화

누가 내 머리에 똥 쌌어? 베르너 홀츠바르트/사계절	코끼리와 버릇없는 아기 레이먼드 브릭스/보림	화물 열차 도널드 크루스/시공주니어
아기 돼지 삼 형제 제이콥스/웅진주니어	뿜뿜 여왕의 악기놀이 신지윤/삼성출판사	곰 사냥을 떠나자 마이클 로센/시공주니어
배고픈 애벌레 에릭 칼/더큰컴퍼니	깊은 밤 부엌에서 모리스 센닥/시공주니어	일곱 마리 눈먼 생쥐 에드 영/시공주니어

제10장

음악 감상하기

활동 1 그림 그리기 방법을 이용한 감상하기

활동명	봄의 왈츠	음악적 요소	소리, 음색, 멜로디
목표	• 음악을 들으면서 봄을 느낀다. • 음악을 들으면서 떠오르는 이미지를 그림으로 표현한다.		
자료	• 요한 슈트라우스 2세의 '봄의 왈츠' 음악 • 화판도화지, 물감, 붓(스펀지 막대 등)		
활동 내용			
1. 요한 슈트라우스 2세의 '봄의 왈츠' 음악을 들려준다. 2. 음악을 듣고 느낌이 어떤지 이야기 나눈다. • 이 음악을 들으니 느낌이 어떠니? 3. 봄에 볼 수 있는 것들(꽃, 나비 등)과 봄의 날씨에 대해 이야기 나눈다. 4. 음악을 들으면서 봄에 대한 느낌을 그림으로 표현한다. • 이 음악의 느낌을 물감을 사용해 도화지에 그려 보자. 5. 음악을 들으면서 다 함께 그림을 감상한다.			
유의점			
• 음악을 듣고 표현할 수도 있지만 봄에 대한 그림을 그리는 동안 자연스럽게 배경음악으로 들려주어 간접적으로 감상할 수도 있다.			

활동 자료

활동 2 악기를 이용한 감상하기

활동명	크시코스의 우편마차	음악적 요소	박, 박자, 음높이
목표	• 일정한 박에 맞춰 악기로 연주하며 음악을 느껴 본다. • 음높이의 변화를 몸으로 표현한다.		
자료	• 헤르만 네케의 '크시코스의 우편마차' 음악, 우편마차 사진 • 악기 연주표, 에그셰이커 또는 마라카스		
활동 내용			

1. 감상할 음악 제목을 소개한다.
 • 오늘 너희가 감상할 음악은 '크시코스의 우편마차'란다.

2. '크시코스의 우편마차'에 대해 알아본다.
 • 크시코스는 무슨 뜻일까?
 • 우편마차가 무엇일까?

3. 음악을 들으며 느낌이 어땠는지 이야기 나눈다.
 • 이 음악을 들으니 어떤 느낌이 드니?

4. 악기를 나누어 갖는다.

5. 자유롭게 연주해 본다.

6. 악기 연주표에 대해 알아본다.
 • 지금부터 악기로 연주하면서 들어 보려고 한단다.
 • (교사가 시범을 보이며) 이 그림은 이렇게 연주해 볼 거야.

7. 교사가 음악을 들려주며 기호대로 연주하는 모습을 보여 준다.

8. 제시된 연주표를 보며 유아와 함께 음악에 맞춰 신체로 연주한다.

9. 제시된 연주표를 보며 유아와 함께 음악에 맞춰 악기로 연주한다.

10. 소집단별로 앞에 나와 음악에 맞춰 악기로 연주한다.

11. 활동에 대한 생각과 느낌을 이야기 나눈다.
 • 높은 음은 어떻게 표현했니?

- 낮은 음은 어떻게 표현했니?
- 음높이의 변화를 몸으로 표현하니 어떤 느낌이 들었니?

유의점

- 유아에게 정확한 연주를 요구하는 것은 바람직하지 않다. 음악의 느낌을 경험하고 표현할 수 있도록 지도한다.
- 연주되는 곡마다 반복하는 부분에 약간씩 차이가 있으므로 반복 부분을 확인하여 그림 자료를 수정하여 제작한다.

확장 활동

- 음률 영역–음악 CD와 다양한 악기를 제공해 주어 유아가 자유롭게 자신의 방법대로 연주해 보도록 한다.
- 편지 쓰기–유아들에게 서로에게 편지를 쓰게 한 후 배달하는 시간에 배경음악으로 들려준다.

활동 자료–우편마차 사진

1895년 미국의 우편배달 마차

참고 자료

크시코스	카우보이라는 의미로, 미국이나 멕시코의 목장에서 말을 타고 일하는 남자를 이르는 말
우편마차	편지나 물건을 다른 곳에 보낼 때 사용하던 말이 끄는 수레

활동 사진

악기연주를 하며 감상하기

우체부가 되어 편지 전달하기

활동 방법

A			
1(8박)		2(8박)	
양손에 에그셰이커를 들고 발꿈치를 4번 들었다 내렸다 한다.		양손을 가운데로 모아서 부딪힌 후 바깥으로 원을 그리며 돌린다.	

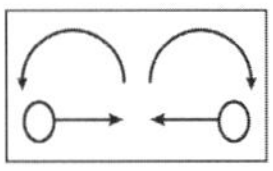

3(8박)		4(8박)	
왼손을 4박에 맞춰 흔들며 올린 후, 오른손을 4박에 맞춰 흔들며 올린다.		양손을 가슴에 대고 4번 흔든 후, 손을 머리 위로 올려 4번 흔든다.	
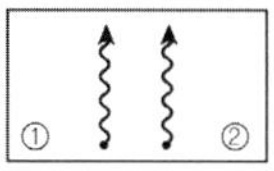 ① ② 			
B			
5(8박)		6(8박)	
양손을 아래로 내리며 8번 찍듯이 흔든다.		왼쪽의 에그셰이커를 왼쪽으로 흔들며 돌린다.	
7(8박)		8(8박)	
오른쪽의 에그셰이커를 오른쪽으로 흔들며 돌린다.		양손에 있는 에그셰이커를 양쪽으로 흔들며 돌린다.	
C			
9(4박)			
손을 배꼽 아래에서 X자로 만들었다가 양팔을 벌려 만세를 한다.			

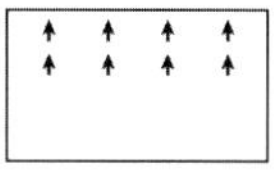

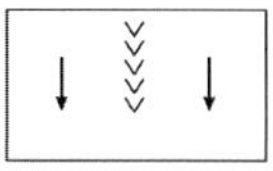

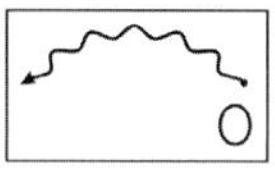

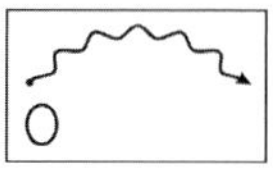

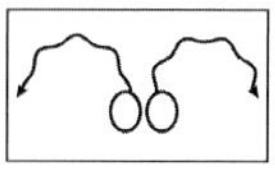

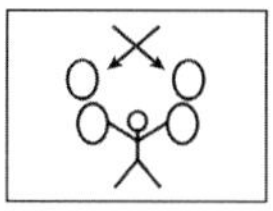

크시코스의 우편마차

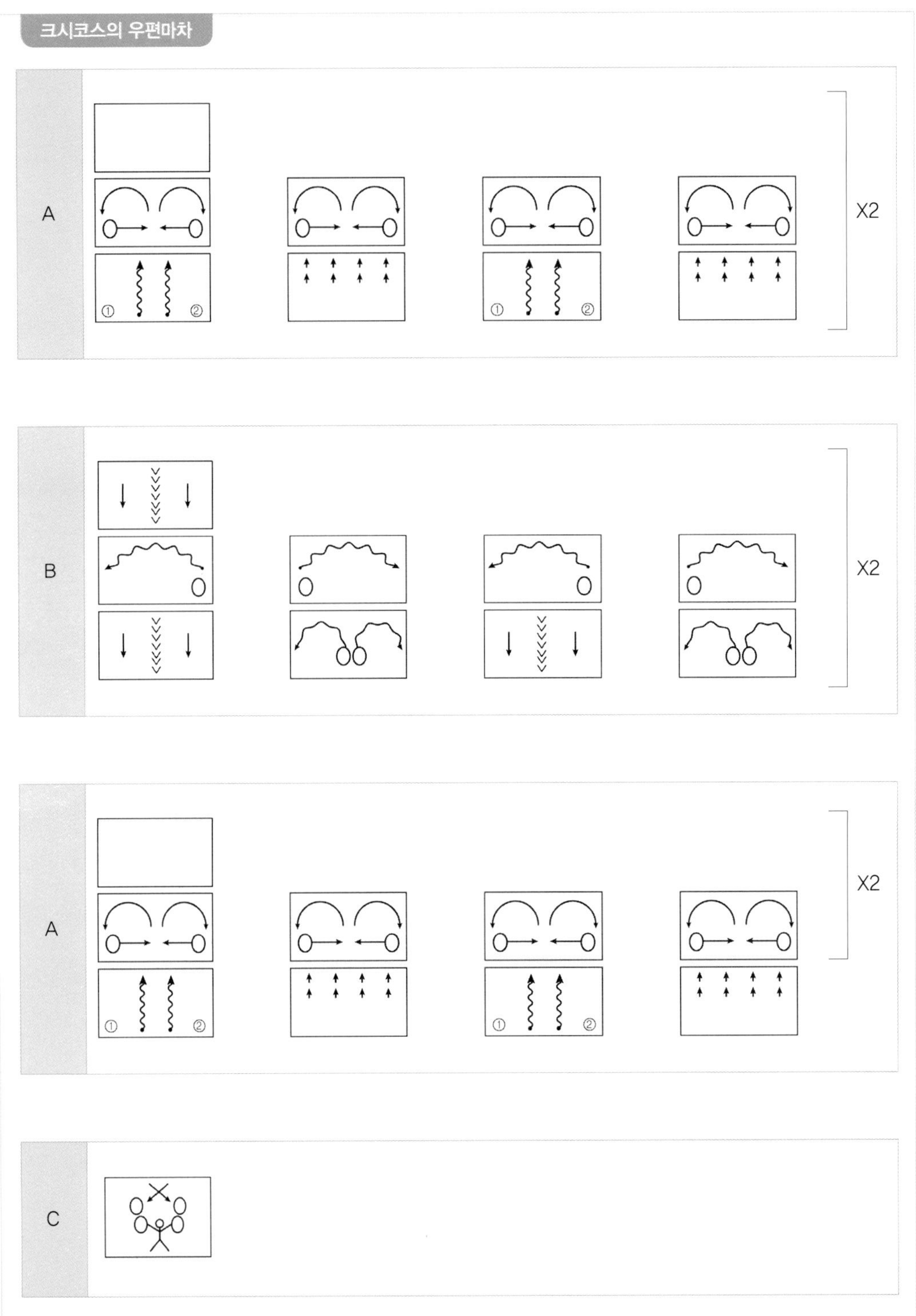

활동 3 동화를 활용한 감상하기

활동명	작은별 변주곡	음악적 요소	리듬, 멜로디
목표	• 변주곡을 들으며 멜로디와 리듬의 변화를 느낀다. • 동화를 듣고 동화 장면을 꾸며 보면서 음악을 느낀다.		
자료	• 모차르트의 '작은별 변주곡' 음악, 동화책('하늘이 내려 준 선물') • 동화 속 마지막 장면과 같은 소녀 그림, 야광별 스티커		

활동 내용

1. '작은 별' 노래를 다 같이 부르며 주의 집중한다.

2. 감상할 곡 안에 '작은 별' 노래가 숨어 있음을 말해 주고 들어 본다.
 • 오늘 들어 볼 음악 속에 우리가 방금 부른 '작은 별' 멜로디가 들어 있어. 그런데 계속 다르게 연주된단다. 들어 보자.

3. 음악을 듣고 느낌이 어떤지 이야기 나눈다.
 • 이 음악을 들으니 느낌이 어떠니?

4. '하늘이 내려 준 선물' 동화에 대해 이야기 나눈다.
 • '하늘이 내려 준 선물'이란 동화에서 마지막에 소녀가 무엇으로 만든 옷을 입게 되었니? (작은 별)

5. 벽에 게시된 소녀 그림을 보며 활동에 대해 알아본다.
 • 이 소녀에게 어떤 옷을 입혀 주면 좋을까?

6. 음악을 들으면서 별 스티커를 붙인다.

7. 활동에 대한 생각과 느낌을 이야기 나눈다.
 • 별을 붙이며 음악을 들어 보니 어떤 느낌이 들었니?

유의점

• 동화에 따라 그림 장면이 달라지므로 제시한 그림동화와 같은 그림으로 준비한다.
• 발달 수준을 고려하여 별 스티커의 크기를 조절한다.

확장 활동

• 음악감상–야광별 스티커를 붙인 활동 자료를 갖고 어두운 교실로 이동하여 작품을 감상하며 음악을 들어 본다.

활동 자료 1–동화: 하늘이 내려 준 선물

1. 아버지와 어머니가 일찍 돌아가셔서 고아가 된 소녀가 있었어요. 몹시 추운 어느 겨울날 저녁이었어요. 소녀가 빵 한 조각을 얻어서 숲에 있는 집으로 가는 길이었지요. "씨이잉~ 씨이잉~"

2. "얘야, 배가 고파 죽을 것만 같구나. 나에게 먹을 것을 좀 주지 않겠니?" 저런, 나뭇가지처럼 비쩍 마른 아저씨가 담벼락 아래에 쓰러져 있는 거예요. "아저씨, 이거 드세요." 소녀는 그 아저씨가 너무 불쌍해서 자기가 먹을 빵 조각을 모두 아저씨에게 주었어요.

3. 얼마쯤 가다가 이번에는 할머니를 만났어요. 할머니가 누더기 옷을 입은 채 오들오들 떨며 이렇게 말하는 거예요. "너무 추워서 뼈까지 얼어 버릴 것 같구나. 나에게 옷을 좀 벗어 주지 않으련?" 소녀는 입고 있던 겉옷을 얼른 벗어서 할머니에게 드렸어요.

4. 다시 길을 가는데, 이번에는 짧은 치마를 입은 작은 여자아이가 다가와 말했어요. "다리가 너무 시려요. 언니가 입은 치마는 무척 따뜻해 보이네요." 소녀는 치마도 벗어서 그 여자아이에게 주었어요. 소녀는 얇은 윗도리만 입은 채 오들오들 떨면서 깜깜한 밤길을 걸어 겨우겨우 숲에 도착했어요.

5. 그런데 거기에 늙은 개 한 마리가 힘없이 쓰러져 있지 뭐예요. "어머나, 가엽기도 해라. 병이 들었나 봐." 소녀는 마지막 남은 윗도리마저 벗어서 그 개에게 덮어 주었어요. 마침내 소녀는 벌거숭이가 되고 말았지요.

6. 바로 그때였어요. 놀라운 일이 일어났어요. 밤하늘의 별들이 우수수 땅으로 떨어지기 시작했어요. 얼마나 많이 쏟아지는지 마치 별 비가 내리는 것 같았어요.
   "와, 아름다워. 정말 눈이 부시네."

7. 그런데 쏟아져 내리던 별들이 갑자기 벌거벗은 소녀의 몸에 달라붙더니 아주 예쁜 옷으로 변하지 뭐예요. 이 세상에 그처럼 아름답고 눈부신 옷은 없을 거예요. 아마 소녀의 착한 마음씨를 보고 하늘이 내려 준 선물이었나 봐요.

활동 자료 2

작은 별 옷을 입고 있는 소녀 그림	스티커를 붙이며 음악 감상하기

참고 자료

변주곡	하나의 주제가 되는 멜로디(선율)를 바탕으로 멜로디, 리듬, 화성 따위를 여러 가지로 변형하여 나가는 기악곡

활동 4 전통놀이를 통한 감상하기

활동명	옹헤야	음악적 요소	박, 박자, 리듬
목표	• 우리나라 전통 음악에 관심을 갖는다. • 우리나라 전통 음악의 박, 박자, 리듬을 느낀다.		
자료	• 경상도 민요 '옹헤야' 음악, 소고		

활동 내용

1. 음악을 듣고 이야기 나눈다.
- 이 곡을 들어 보니 느낌이 어떠니?
- 이 곡에서 계속 반복되는 소리는 무엇이었을까? ('옹헤야')

2. 음악에 대해 소개한다.
- 이 곡의 제목은 '옹헤야'란다.
- 이 곡은 보리를 타작하며 부르던 노래야.

3. '옹헤야' 부분을 따라 부르며 듣는다.
- 이번에는 너희가 '옹헤야' 부분을 함께 불러 보자.

4. '옹헤야' 부분에서 어깨춤을 추며 듣는다.

5. '옹헤야' 부분에서 보리 타작하는 흉내(도리깨질)를 내며 듣는다.
- 보리 타작하는 모습은 어떻게 표현할 수 있을까?

6. 음악을 들으면서 흥을 느끼며 걸어 본다.
- 이 음악에 어울리는 걸음걸이는 어떤 것일까?
- 팔과 어깨를 어떻게 움직이면 좋을까?
- 우리 몸 중에 또 어디를 움직이면 좋을까?

7. 악기를 나누어 갖는다.

8. 음악을 들으면서 소고를 치며 걷는다.
- 선생님과 함께 자유롭게 소고를 치며 걸어 보자.

9. 활동에 대한 생각과 느낌을 이야기 나눈다.
- 어떤 방법이 가장 재미있었니?

유의점

- 소고를 칠 때 정확한 박을 맞추는 것보다 우리나라 음악의 흥겨움과 리듬을 타며 즐길 수 있도록 한다.
- 휘모리 장단에 맞춰 '옹헤야'를 소고로 연주할 수 있다. 장구 장단에 맞춰 소고를 칠 때에는 입장단, 무릎 장단 등을 먼저 해 보고 리듬이 익숙해지면 소고를 칠 수 있도록 한다. 또한 유아가 장단 그대로 치기 어려우므로 덩, 쿵, 쿵 부분만 장단을 쳐 본다.

활동 자료

도리깨질하며 음악 감상하기

소고로 연주하며 음악 감상하기

확장 활동 자료–정간보(휘모리 장단)

●			ㅣ		ㅣ	○		ㅣ	○		
덩	–	–	덕	–	덕	쿵	–	덕	쿵	–	–

참고 자료

노동요	'작업요'라고도 하는데 어느 나라에든지 있으며, 우리나라에서는 농경생활 초기부터 있었던 것으로 추정된다. 노동요의 종류도 여러 가지인데, '옹헤야'는 보리 타작할 때 불렀던 노동요다.
메기는 소리/ 받는 소리	우리나라에서는 예전부터 함께 일을 할 때 먼저 한 사람이 어떤 노래를 부르면 다른 사람들이 모두 같은 소리로 받아주는 식으로 주고받으며 노래를 했다. 먼저 부르는 노래를 '메기는 소리'라고 하고, 다 함께 부르는 노래를 '받는 소리'라고 한다. '옹헤야' 민요에서는 '옹헤야' 부분이 받는 소리가 된다.

옹헤야

경상도 민요

〈메〉
옹헤야 어절–시구 저절–시구 잘도논다
〈받〉
옹헤야 옹헤야 옹헤야 옹헤야 – –

〈메〉
에헤에헤 어절시구 잘도논다
〈받〉
옹 헤야 옹 헤야 옹 헤야 – –

〈메〉
오뉴월에– 메추리란놈이 보리밭에 알을–낳네
〈받〉
옹헤야 옹헤야 옹헤야 옹헤야 – –

〈메〉
에헤에헤 어절시구 잘도논다
〈받〉
옹 헤야 옹 헤야 옹 헤야 – –

활동 5 극놀이를 통한 감상하기

활동명	자장가	음악적 요소	리듬, 멜로디
목표	• 아기 재우는 놀이를 통해 음악을 즐겁게 감상한다. • 음악의 리듬과 멜로디에 따라 몸을 움직여 본다.		
자료	• 브람스의 '자장가' 음악, 아기 인형, 아기 띠, 잠자는 아기 사진 PPT 자료		

활동 내용

1. 잠잘 때 들어 본 노래에 대해 이야기 나눈다.
• 너희가 잘 때 엄마나 아빠가 들려주셨던 노래가 있니?
• 잠잘 때 노래를 들려주면 어떠니?

2. 감상할 곡에 대해 소개한다.
• 오늘 들어 볼 곡은 아기가 잘 때 들려주는 곡이야.

3. 사진(잠자는 아기 사진)을 보며 자장가를 들어 본다.
• 음악을 듣고 나니 기분이 어떠니?
• 이 곡은 브람스라는 분이 만든 '자장가'란다.

4. 놀이를 하며 자장가를 들어 본다.
• 엄마와 아빠가 너희를 재울 때 어떻게 하셨니?
• 이번에는 너희가 엄마와 아빠가 되어서 아기를 재우며 자장가를 들어 볼 거야.
• 아기 인형을 안거나 띠로 매고 음악을 들으며 재워 보자.

5. 활동에 대한 생각과 느낌을 이야기 나눈다.
• '자장가'는 다른 음악과 어떻게 다르니?

유의점

• 유아의 다양한 경험을 위해 여러 종류의 인형을 준비한다.

확장 활동

• 감상하기 1: 다른 작곡가의 자장가 음악을 감상해 본다.
• 감상하기 2: 다양한 작곡가의 자장가 음악을 들어 보고, 느낌이 어떻게 다른지 비교해 본다.

활동 자료

아기 재우기 놀이하며 음악 감상하기

활동 6 기본동작을 통한 감상하기 1

활동명	유모레스크	음악적 요소	멜로디, 리듬
목표	• 멜로디와 리듬의 변화를 몸으로 느끼고 표현한다.		
자료	• 드보르작의 '유모레스크' 음악		

활동 내용

1. 감상할 음악 제목을 소개한다.
• 오늘 너희가 감상할 곡은 드보르작의 '유모레스크'라는 곡이야.

2. 멜로디의 느낌을 유아가 정한 손동작으로 표시하며 듣는다.
• 통통 튀는 음악이 나오면 손으로 어떻게 표현하면 좋을까?
• 부드러운 음악이 나오면 손으로 어떻게 표현하면 좋을까?

3. 느낌에 대해 이야기 나눈다.
• 이 곡을 들어 보니 느낌이 어떠니?

4. 기본 동작으로 표현하며 듣는다(시계 방향으로 돌아간다).
• 다 같이 손을 잡고 큰 원을 만들어 보자.
• 통통 튀는 느낌이 드는 음악이 나오면 다 같이 스키핑을 해 보자.
• 부드러운 느낌이 드는 음악이 나오면 다 같이 미끄러지기를 해 보자.
• 통통 튀는 음악과 부드러운 음악 사이에 잠깐 걸어 보는 부분도 있을 거야(생략 가능).

5. 다양한 동작으로 표현해 본다.
• ○○ 동작을 어떤 동작으로 바꾸어 보면 좋겠니?

6. 활동에 대한 생각과 느낌을 이야기 나눈다.
• 음악의 어떤 부분이 가장 기억에 남니?

유의점

• 정확한 동작을 표현하도록 강조하기보다는 음악을 느끼는 데 집중하도록 한다.

확장 활동

• 음악 감상-바이올린으로 연주된 곡과 비교하여 들어 본다.

참고 자료-기본동작으로 표현하기

A×2

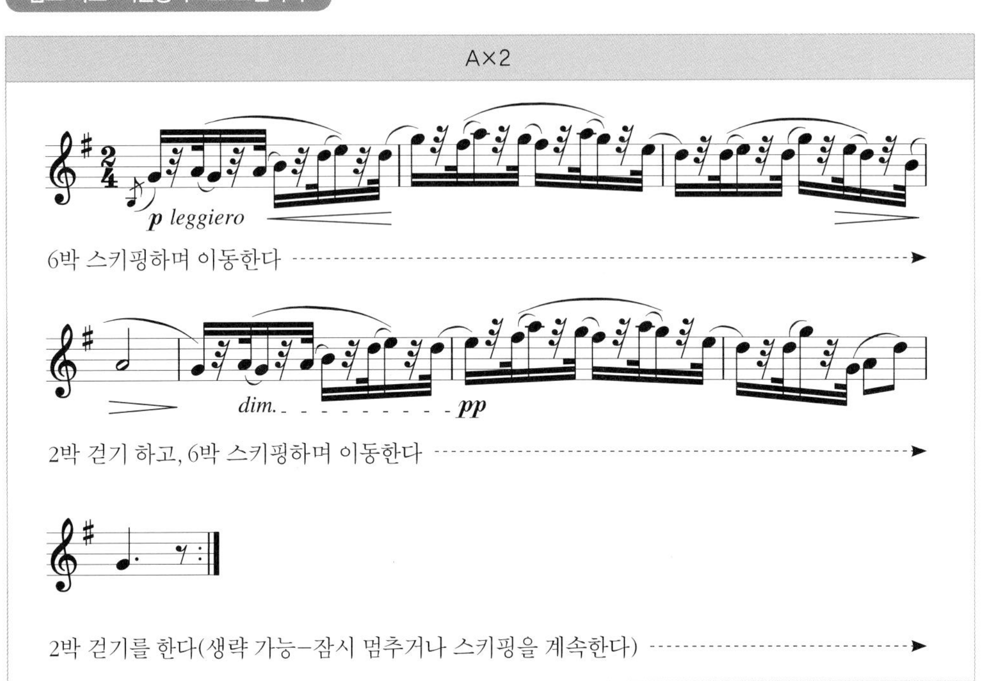

B

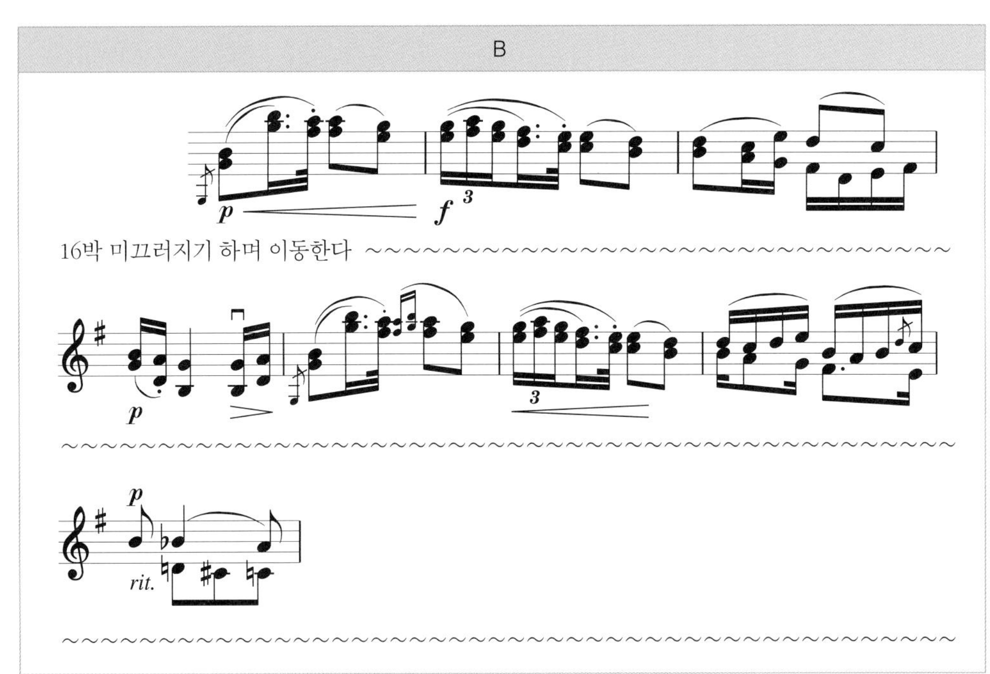

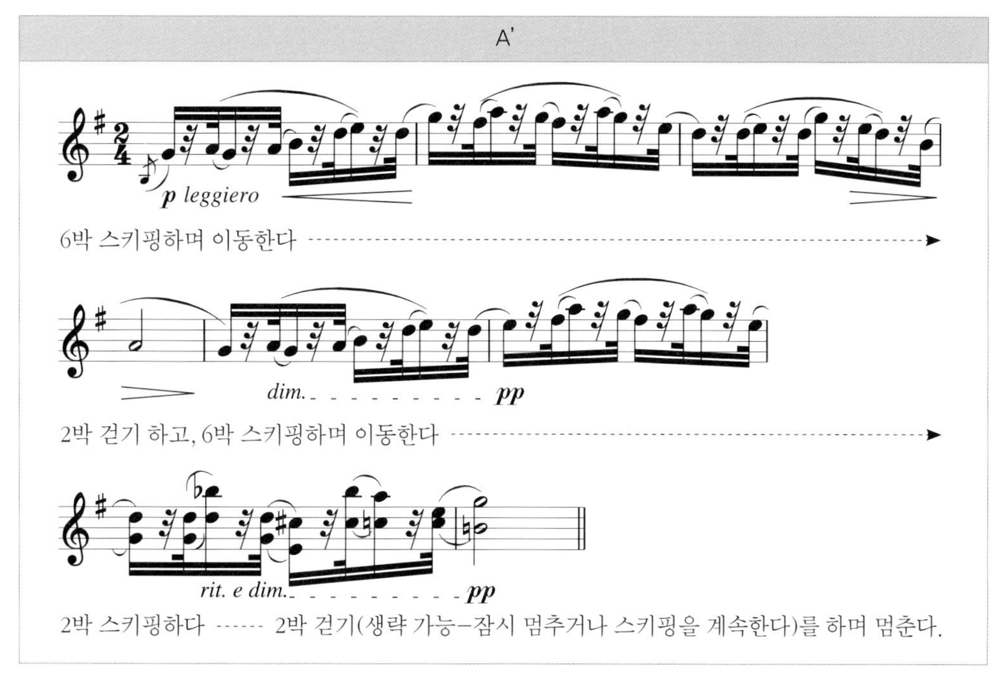

참고 자료

유모레스크 (Humoresque)	19세기에 널리 보급된 유머러스한 분위기를 띤 기악곡을 의미하며, 슈만, 루빈스타인, 차이콥스키 등에 의해 이미 만들어졌지만 드보르작의 '유모레스크'가 가장 유명하다.
연주된 악기	원래는 피아노 곡으로 만들었지만, 지금은 바이올린으로 연주된 것도 유명하다.

활동 7 기본동작을 통한 감상하기 2

활동명	고장난 시계	음악적 요소	박, 멜로디
목표	• 박과 멜로디의 변화를 몸으로 느끼고 표현한다.		
자료	• 르로이 앤더슨의 '고장난 시계' 음악, 활동 자료		

활동 내용

1. 감상할 곡을 소개한다.
- 오늘 너희가 감상할 곡은 '고장난 시계'라는 곡이야.

2. 유아와 함께 그림 자료를 보고 음악을 감상한 후 손동작으로 표현한다.
- 오늘은 우리 몸으로 음악을 표현해 볼 건데, 어떻게 할 것인지 선생님이 먼저 보여 줄게.

3. 느낌에 대해 이야기 나눈다.
- 이 곡을 들어 보니 느낌이 어떠니?

4. 다 같이 손동작을 하며 감상한다(활동 방법 1: 손동작하며 감상하기).

5. 기본동작으로 표현하며 감상한다(활동 방법 2: 기본동작하며 감상하기).
- 이번에는 다 같이 일어나서 움직이며 음악을 들어 보자.

6. 활동에 대한 생각과 느낌을 이야기 나눈다.
- 음악의 어떤 부분이 가장 기억에 남니?

유의점

- 유아와 함께 손동작을 할 때 정확성에 초점을 맞추지 말고, 교사의 손동작을 따라 하며 즐겁게 참여할 수 있도록 한다.

활동 자료

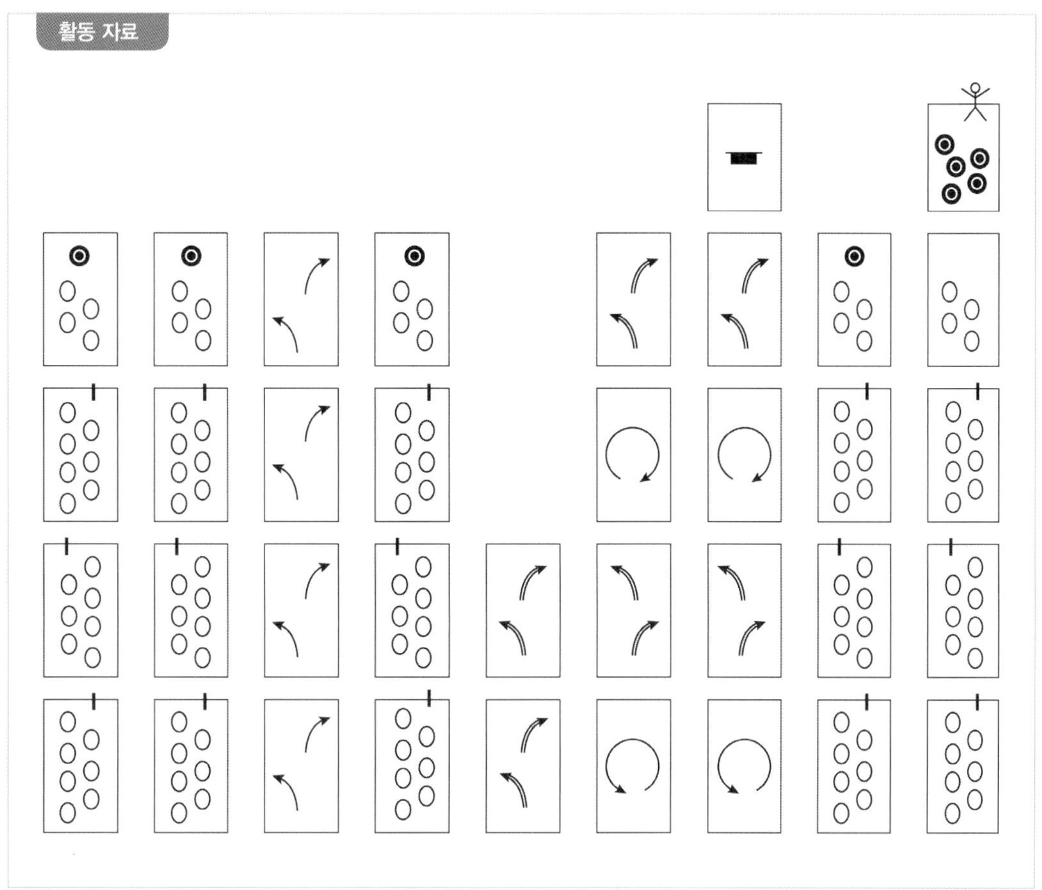

출처: 김성균. 유아음악교육연구소. 제2연구과정 수업자료.

활동 방법 1-손동작하며 감상하기

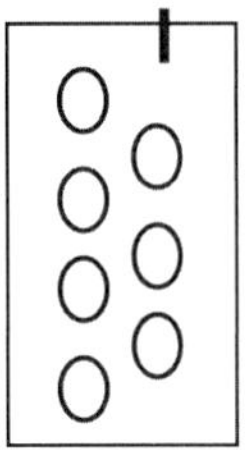 양 검지로 왼쪽 아래 동그라미부터 번갈아 짚어 가다 '｜'에서 위로 올리기	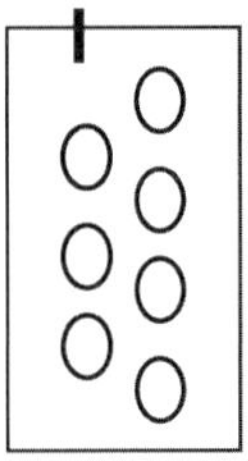 양 검지로 오른쪽 아래 동그라미부터 번갈아 짚어 가다 '｜'에서 위로 올리기	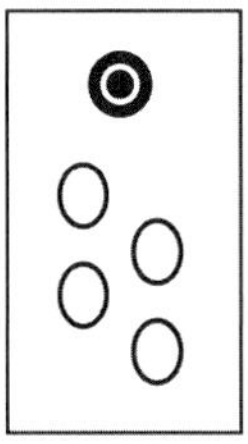 양 검지로 동그라미를 번갈아 짚어 가다 '◉'에서 동시에 짚기	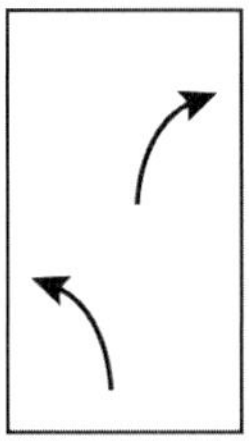 먼저 왼손을 왼쪽으로 뻗고, 이어 오른손을 오른쪽으로 뻗기
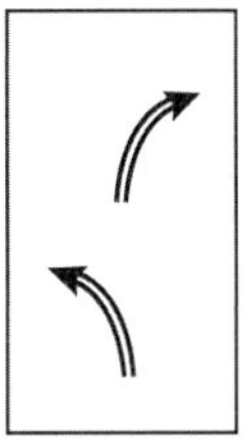 왼쪽으로 양손을 뻗고, 이어 오른쪽으로 양손을 뻗기	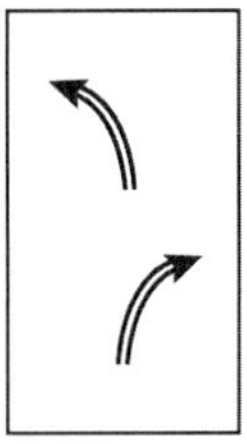 오른쪽으로 양손을 뻗고, 이어 왼쪽으로 양손을 뻗기	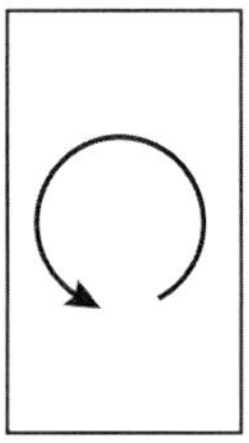 양팔을 벌려 왼쪽으로 한 바퀴 돌기	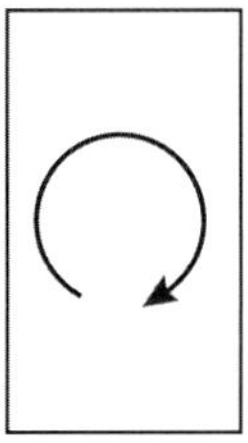 양팔을 벌려 오른쪽으로 한 바퀴 돌기
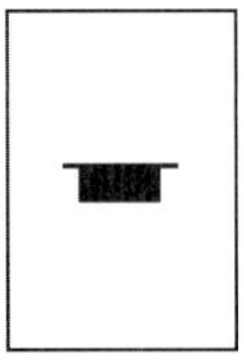 오른손 검지를 입술에 대고 '쉿' 하며 4박 쉬기	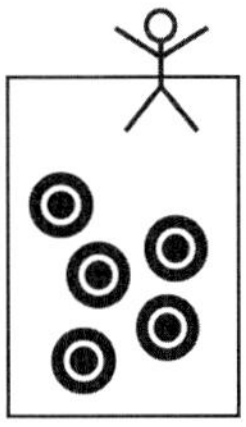 양 검지로 동그라미 부분을 다섯 번 짚은 후 만세하기		

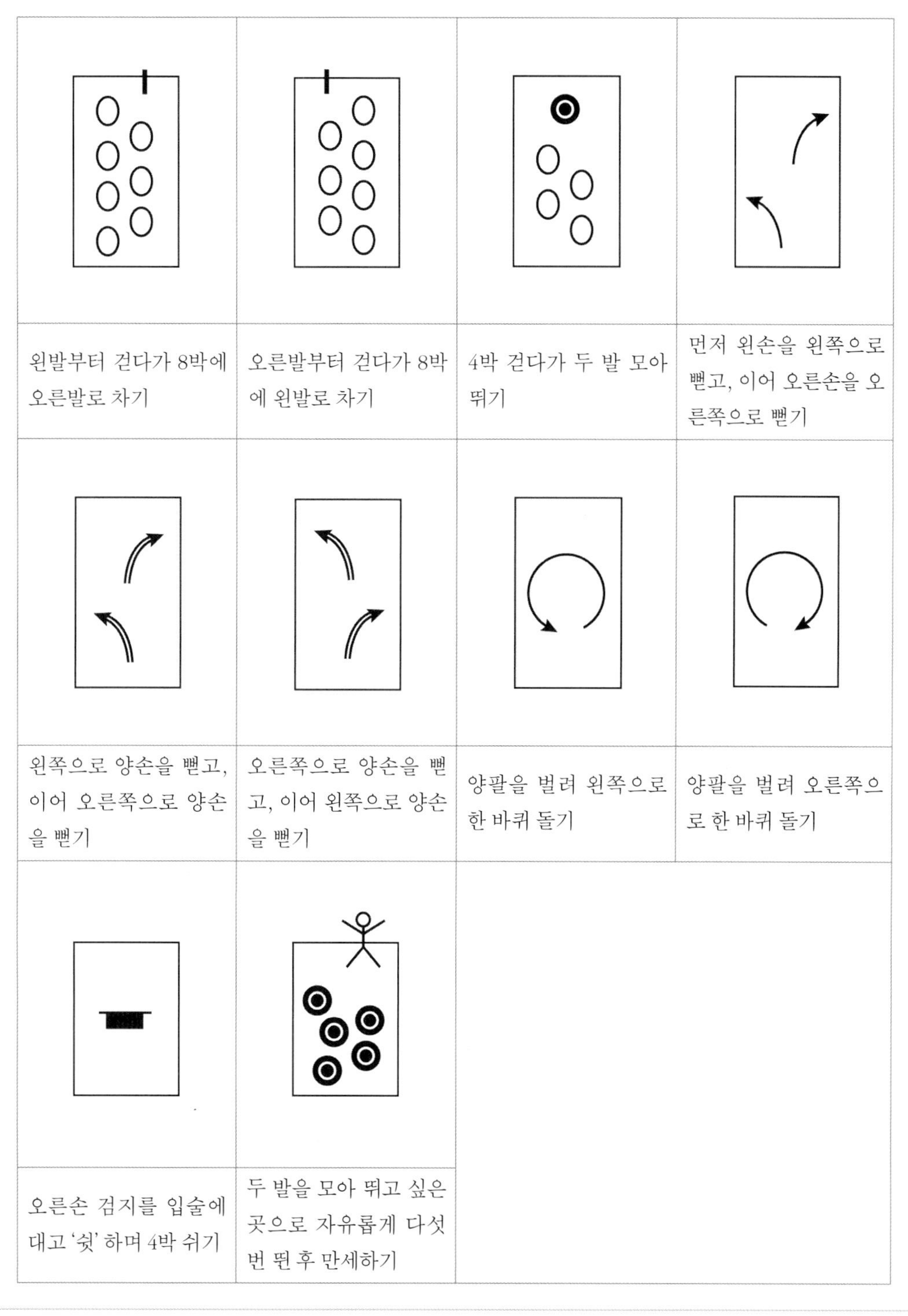

활동 방법 2-기본 동작하며 감상하기

왼발부터 걷다가 8박에 오른발로 차기	오른발부터 걷다가 8박에 왼발로 차기	4박 걷다가 두 발 모아 뛰기	먼저 왼손을 왼쪽으로 뻗고, 이어 오른손을 오른쪽으로 뻗기
왼쪽으로 양손을 뻗고, 이어 오른쪽으로 양손을 뻗기	오른쪽으로 양손을 뻗고, 이어 왼쪽으로 양손을 뻗기	양팔을 벌려 왼쪽으로 한 바퀴 돌기	양팔을 벌려 오른쪽으로 한 바퀴 돌기
오른손 검지를 입술에 대고 '쉿' 하며 4박 쉬기	두 발을 모아 뛰고 싶은 곳으로 자유롭게 다섯 번 뛴 후 만세하기		

활동 8 도구를 활용한 감상하기

활동명	휘파람 부는 사람과 개	음악적 요소	박, 리듬
목표	• 다양한 소리(악기, 휘파람, 동물 소리 등)로 표현된 음악을 경험한다. • 공과 스카프를 이용하여 박을 몸으로 느끼고 표현한다.		
자료	• 아서 프라이어의 '휘파람 부는 사람과 개' 음악 • '휘파람 부는 사람과 개' 그림, 비밀상자, 공		

활동 내용

1. 감상할 곡을 소개한다.
- 오늘 너희가 감상할 곡은 프라이어의 '휘파람 부는 사람과 개'란다.

2. 그림을 보면서 이야기 나눈다.
- 이 그림은 무엇을 하고 있는 모습일까?
- 이 곡은 개와 함께 산책하는 모습을 표현한 곡이야.
- 너희는 산책을 할 때 기분이 어땠니?

3. 그림을 보면서 음악을 감상한다.
- 어느 부분에서 개 짖는 소리가 나오는지 잘 들어 보자.
- 휘파람 소리는 어느 부분에서 들리는지 귀 기울여 보자.

4. 공을 옆 사람에게 전달하며 음악을 감상한다.
- 이번에는 일정한 박에 맞춰 이 안(비밀상자)에 있는 물건을 옆 사람에게 전달하며 음악을 감상할 거야. 무엇인지 맞혀 보자(비밀상자 안에 들어 있는 공을 손으로만 만지고 알아맞히기) → 교사가 8박마다 손이나 지시봉으로 알려 주면 옆 사람에게 공을 전달하도록 한다.
- 이번에는 4박마다 공을 전달하며 음악을 감상해 보자.

5. 소그룹으로 나누어 공을 굴리며 음악을 감상한다.
- 이번에는 박자에 맞춰 공을 다른 사람에게 굴리며 음악을 감상해 볼 거야.

6. 활동에 대한 생각과 느낌을 이야기 나눈다.
- 공 말고 또 어떤 방법으로 음악을 들어 볼 수 있을까?
  –(예) 공 대신 스카프를 이용, 제자리에서 일어났다 앉기로 박에 맞춰 움직이며 감상해 볼 수 있다.

유의점

- 유아 스스로 일정한 박에 맞춰 공을 전달하기 어려우므로 교사가 8박마다 알려 준다. 익숙해지면 4박마다 전달할 수 있다.

• 소그룹별로 공 굴리기를 할 때 전체 인원수를 고려하여 나누되, 8명이 넘지 않도록 하여 유아가 공 굴리는 것을 잘 조정할 수 있도록 한다.

활동 사진

공을 옆으로 전달하며 음악 감상하기

활동 9 다른 악기로 연주된 같은 곡 감상하기

활동명	Under the sea	음악적 요소	음색
목표	• 같은 음악을 다양한 악기로 연주된 음악을 듣고 느낌을 몸으로 표현한다.		
자료	• 다양한 악기로 녹음된 인어공주의 'Under the sea' 음악 • 악기 사진 자료(피아노, 핸드벨, 바이올린) • 다양한 소품(반짝이 치마, 팔찌, 머리띠, 리본끈 등)		

활동 내용

1. 원곡 'Under the sea' 음악을 들려준다.
- 지금 들은 음악의 제목은 무엇일까?
- 'Under the sea'는 '바다 밑'이란 뜻이야.

2. 활동을 소개한다.
- 오늘은 방금 들었던 'Under the sea' 음악을 다른 악기로 연주한 것을 들어 보려고 해.

3. 다양한 악기로 연주된 'Under the sea' 음악을 감상한다.
   1) 피아노로 연주된 'Under the sea' 음악을 듣는다.
   - 어떤 느낌이 드니?
   2) 핸드벨로 연주된 'Under the sea' 음악을 듣는다.
   - 피아노로 연주된 것과 느낌이 어떻게 다르니?
   - 어떤 악기로 연주한 것 같니?
   3) 바이올린으로 연주된 'Under the sea' 음악을 듣는다.
   - 바이올린으로 연주된 것은 어떤 느낌이 드니?

4. 다양한 소품을 활용하여 음악의 느낌을 표현한다.
- 피아노로 연주된 음악은 어떻게 표현하면 좋을까?
- 핸드벨로 연주된 음악은 어떻게 표현하면 좋을까?
- 바이올린으로 연주된 음악은 어떻게 표현하면 좋을까?

5. 활동에 대한 생각과 느낌을 이야기 나눈다.
- 어떤 악기로 연주한 음악이 가장 마음에 들었니?
- 왜 그렇게 생각하니?

유의점

- 각 음악의 길이는 유아의 흥미나 발달 수준에 맞춰 조정하며, 다양한 악기로 연주된 음악을 편집할 때에는 음악의 맥이 끊어지지 않도록 주의한다.

활동 자료

다양한 소품을 활용하여 느낌 표현하며 감상하기

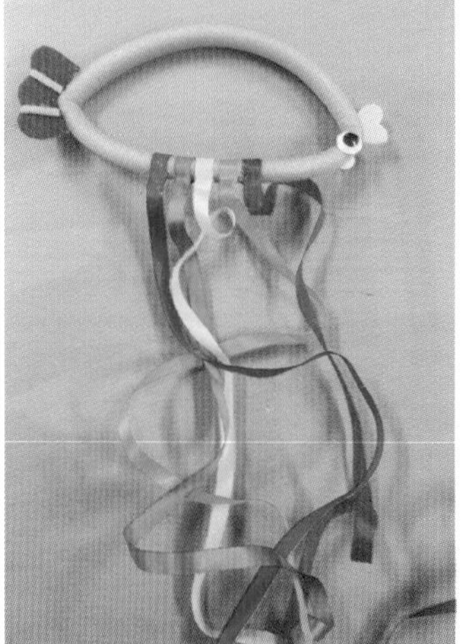

다양한 소품

부록

노래 모음

간다 간다

김성균 작사
김성균 작곡

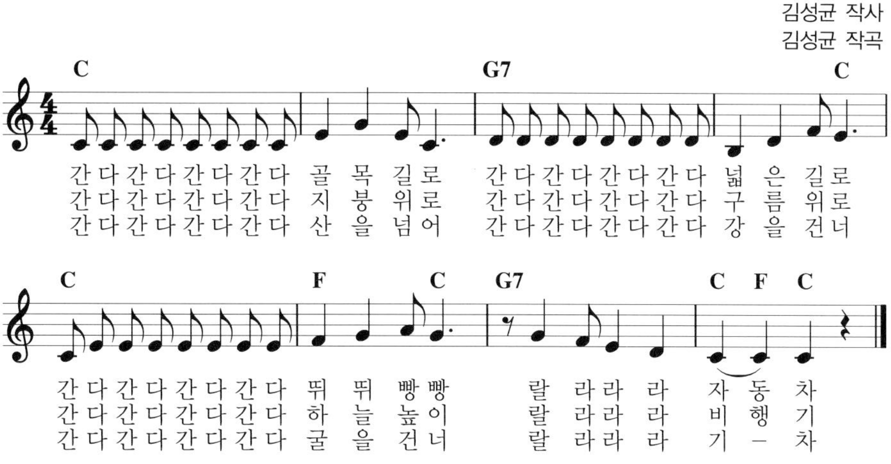

게

임인혁(4세반 유아) 작사
김진영 작곡

그런 집 보았니

기러기 노래

기린 미끄럼

김계원 작사
이은렬 작곡

기쁨을 주는 생일

김진영 작사
김진영 작곡

김장

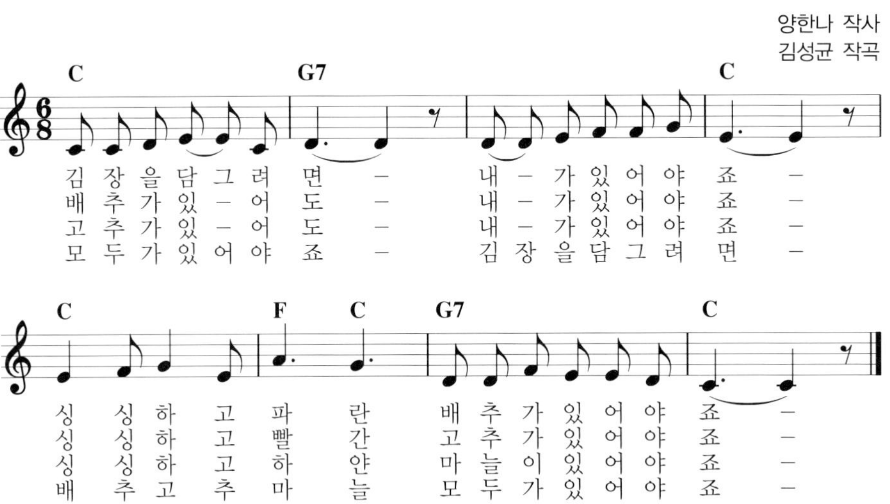
양한나 작사
김성균 작곡
C G7 C
김 장 을 담 그 려 면 – 내 – 가 있 어 야 죠 –
배 추 가 있 – 어 도 – 내 – 가 있 어 야 죠 –
고 추 가 있 – 어 도 – 내 – 가 있 어 야 죠 –
모 두 가 있 어 야 죠 – 김 장 을 담 그 려 면 –
C F C G7 C
싱 싱 하 고 파 란 배 추 가 있 어 야 죠 –
싱 싱 하 고 빨 간 고 추 가 있 어 야 죠 –
싱 싱 하 고 하 얀 마 늘 이 있 어 야 죠 –
배 추 고 추 마 늘 모 두 가 있 어 야 죠 –

꾹 참았네

김진영 작사
김진영 작곡
F C B♭ F
친 구가내겯을 지 나가 다가 내가만든집 을 무 너뜨 렸네
F C B♭ F
'콩' 하고싶지만 꾹 –참 았네 친 구 야 친 구 야
F C F F C F
다음부터 그러지마 라 다음부터 그러지마 라

꿩 꿩 장서방

전래동요
♩. = 72-84
Am
꿩 꿩 장 서 방 꿩 꿩 장 서 방
Am
어 디 어 디 사 – 나 저 산 너 머 살 – 지
무 얼 먹 고 사 – 나 콩 까 먹 고 살 – 지
누 구 하 고 사 – 나 새 끼 하 고 살 – 지

나는 기쁘다

외국 곡
F C7 F
나 는 – 기 쁘 다 나 는 – 기 쁘 다
I am – so ha - ppy I am – so ha - ppy
와다 시 와 우 레 시 와다 시 와 우 레 시
와 창 – 쿠 왈 라 와 창 – 쿠 왈 라
F C7 F
나 는 – 기 쁘 다 정 말 기 쁘 다
I am – so ha - ppy ha - ppy all the day
와다 시 와 우 레 시 이쏘 보 우 레 시
와 창 – 쿠 왈 라 칭 칭 쿠 왈 라

나뭇잎

김성균 작사
김성균 작곡

낙엽

김진영 작사
김진영 작곡

낙엽을 밟으며

김진영과 5세반 유아들 작사
김진영 작곡

내 마음이 기쁘단다

김진영 작사
김진영 작곡

내가 먼저 가야 해요

유경손 작사
유경손 작곡

눈이 내리면

김성균 작사
김성균 작곡

뚝딱뚝딱

외국 곡

맛있는 간식

김성균 작사
김성균 작곡

맹꽁

전래동요

메리 크리스마스

김성균 작사
김성균 작곡

모두 제자리

김성균 작사
김성균 작곡

바닷가에서

노현태(5세반 유아) 작사
김진영 작곡

보고 싶었죠

김성균 작사
김성균 작곡

봄님

김성균 작사
김성균 작곡
C F C G7 C
봄 님이오시는걸 어 떻 게 알 수있었나 요
C F G7 C G C
길－가에꽃들 이 어여쁘게피어나 봄 님이오시는걸 알았 어요
따－뜻한바람 이 산들산들불어와 봄 님이오시는걸 알았 어요
보슬보슬봄비 가 보슬보슬내리니 봄 님이오시는걸 알았 어요

사랑

김성균 작사
김성균 작곡
F B♭ F
엄 마 를 보 면 나 도 몰 래
아 빠 를 보 면 나 도 몰 래
선생 님 을 보 면 나 도 몰 래
F C7 C
뛰 어 － 가 안 기 고 싶 어
F C7 F
왜 그 럴 까 왜 그 럴 까
B♭ F C7 F
흠! 흠! 사 랑 이 죠

사랑해요

김성균 작사
김성균 작곡

산타 할아버지

김성균 작사
김성균 작곡

생일 축하합니다

김성균 작사
김성균 작곡

세계의 아침 인사

윤현진 작사
윤현진 작곡

손을 씻어요

외국 곡

수박 파티

김영광 작사
오상철 작곡

숫자풀이

전래동요

숲속 친구들

아기 새의 눈물

김성균 작사
김성균 작곡
C G C
어 느 날 숲 에 서 새 들 이 쪼 로 롱 노 래 를
어 느 날 산 속 에 꽃 들 이 곱 – 게 피 – 어
G C G C
하 는 데 포 수 가 다 가 와
웃 는 데 누 군 가 다 가 와
F G C
이 놈 들 꼼 짝 마 라 – 아 기 새 눈 물 을
꽃 들 을 꺾 – 으 니 – 아 기 꽃 너 무 도
G C G C
흘 리 며 다 시 는 이 곳 에 안 올 테 야
아 파 서 아 – 야 아 – 야 울 고 있 네

안녕

김성균 작사
김성균 작곡
C G7 C G
안 녕 안 녕 선 생 님 안 녕 안 녕 친 구 들
C F C G7 C G7 C
오 늘 다 시 만 나 반 갑 습 니 다 안 녕 안 녕 안 녕
내 일 다 시 만 나 재 밌 게 놀 자 안 녕 안 녕 안 녕

앵두

정혜옥 작사
정혜옥 작곡
F
초 – 록 초 록 나 무 에 빨 – 간 빨 간 앵 두 가
C F
다 닥 다 닥 구 슬 처 럼 많 이 열 렸 네
F
한 – – 알 만 한 알 만 똑 – – 똑 – 따 다 가
C F
우 리 아 기 입 – 속 에 쏙 넣 었 으 면

얘기 시간(동화)

김현수 작사
김현수 작곡
C G7 C F D7 G7
동 화 시 간 돌 아 왔 다 다 들 모 여 라
아이 참 재 – 미 – 있 다 선 생 님 얘 기
C G7 F C G7 C
오 늘 은 어 떤 얘 기 들 – 려 주 실 까
고 마 운 선 – 생 님 우 – 리 선 생 님
G C F G7
나 는 나 는 제 일 좋 아 선 생 님 얘 기 참 말 좋 아
나 는 나 는 제 일 좋 아 선 생 님 얘 기 참 말 좋 아
C F G7 C
재 미 있 는 얘 기 들 – 려 주 세 요
내 일 도 모 레 도 들 – 려 주 세 요

예쁜 종소리

김성균 작사
김성균 작곡

옛날 이야기

김진영 작사
김진영 작곡

우리나라

김성균 작사
김성균 작곡

우리 지구

작사 · 작곡 미상

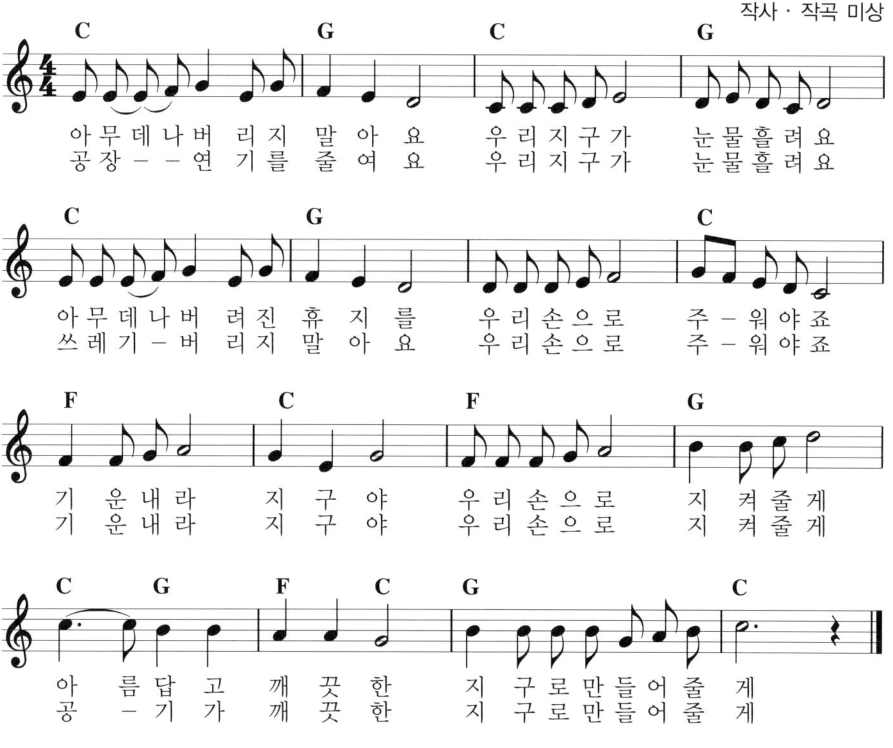

우리들의 마음 속엔

김진영과 5세반 유아들 작사
김진영 작곡

울어요

유은정 작사
유은정 작곡

인디안

김성균 작사
김성균 작곡

유치원에서

김진영 작사
김진영 작곡

졸업가

김성균 작사
김성균 작곡

졸업가

나운영 작사
유경손 작곡

즐거운 소풍길(창작동요)

이한숙 작사
김창수 작곡
시냇물건 너 숲 속 오솔길따 라 서
높은산위 에 올 라 솔바람마 시 면
발걸음가 벼 웁 게 소 풍가 는 길
산허리흰 구 름 들 둥 실떠 가 네
엄 마아 빠 손 잡고 – 랄 라랄라노래부르 면
아 빠따 라 야 야호 – 메 아리도야호야야 호
저 산너 머 흰 구름 – 어 서오라손짓합니 다
엄 마따 라 야 야호 – 산 새들도따라합니 다

집에 갈 시간

김진영 작사
김진영 작곡

치우는 시간

김진영 작사
김진영 작곡

친구에게

작사·작곡 미상

출처: '음악치료 방법 연수' 수업자료

태극기

김성균 작사
김성균 작곡

팽이

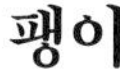

김진영 작사
김진영 작곡

하얀 나라

김성균 작사
김성균 작곡

허수아비 아저씨

김규환 작사
김규환 작곡

참고문헌

곽영숙(2010). 통합적 음악감상활동이 유아의 음악적 개념에 미치는 영향. 이화여자대학교 교육대학원 석사학위논문.

교육과학기술부, 보건복지부(2013). 3~5세 연령별 누리과정 해설서. 서울: 교육과학기술부.

김명순, 조경자(2001). **유아를 위한 음악교육의 이론과 실제**. 서울: 다음세대.

김소향, 안경숙(2006). **발달에 적합한 유아노래지도 프로그램**. 경기: 양서원.

김혜진(2013). 새노래 지도 시 노랫말 바꾸어 부르기 활동이 유아의 창의성에 미치는 영향. 이화여자대학교 교육대학원 석사학위논문.

류리(2003). 숙명여자대학교 음악치료대학원. 음악치료 방법 연수자료.

박순희(2011). 유아음악교육 관련 학위논문의 연구 경향 분석(2000~2010년 유아음악교육 방법에 관하여). 성결대학교 대학원 석사학위논문.

방자현(2006). 유아들의 효과적인 노래지도 방법 연구. 원광대학교 대학원 석사학위논문.

배희진(2008). 음악적 요소 중심의 감상활동이 유아의 음악능력 및 신체표현능력에 미치는 효과. 계명대학교 교육대학원 석사학위논문.

보건복지부(2013). **제3차 어린이집 표준보육과정 해설서**. 서울: 보건복지부.

송연아(2001). 리듬악기를 이용한 음악활동이 유아의 음악능력발달에 미치는 영향. 중앙대학교 교육대학원 석사학위논문.

심성경, 이희자, 이선경, 김경의, 이효숙, 박주희(2004). **유아음악교육**. 경기: 양서원.

안재신(2004). **유아음악교육**. 서울: 교육과학사.

이영자, 이기숙, 이정욱(1999). **유아 교수 학습방법**. 서울: 창지사.

이지연(2013). 5세 누리과정과 초등학교 '즐거운 생활' 교사용지도서에 나타난 음악활동의 연계성 분석. 경인교육대학교 교육대학원 석사학위논문.

이홍수(1992). **느낌과 통찰의 음악교육**. 서울: 세광음악출판사.

임혜정(2004). 유아교육기관에서 선호하는 동요에 관한 조사 및 악곡분석 연구. 덕성여자대학교 대학원 박사학위논문.

장은주(2010). **유아교육과 음악교육의 통합에 기초한 유아음악교육**. 경기: 양서원.

정승은(2001). **유아음악교육 강의**. 서울: 진솔미디어 법서출판사.

정옥분(2008). **영유아발달의 이해**. 서울: 학지사.

최지원(2009). 2007년 개정 유치원교육과정에 따른 교사용 「유치원지도서」의 유아음악활동 분석. 이화여자대학교 교육대학원 석사학위논문.

하정희, 조영진, 강혜정(2010). **유아음악교육**. 경기: 공동체.

황지애(2012). 프로젝트 접근법을 중심으로 한 유아음악교육의 효과적 운영에 대한 실행연구. 이화여자대학교 교육대학원 석사학위논문.

Campbell, P. S., & Scott-Kassner, C. (1995). *Music in Childhood from preschool through the elementary grades*. New York: Schirmer Books.

Campbell, P. S., & Scott-Kassner, C. (2013). *Music in childhood*. New York: Schirmer Books.

Campbell, P. S. (2010). *Songs in their heads: Music and its meaning in children's lives* (2nd ed.). New York: Oxford University Press.

Chen, Y. Y. (2000). The self-perceptions of inservice and preservice kindergarten teachers in Kaohsiung and Pingtung regions concerning the usefulness of the music content of their teacher training programs. Unpublished doctoral dissertation, Pennsylvania State University.

Choksy (1988). *The Kodaly Method*. Englewood Cliffs, NJ: Prentice-Hall.

Farnsworth, P. R. (1969). *The social psychology of music* (2nd ed.). Ames: Iowa State University press.

Gembris, H. (2002). *The development of musical abilities*. In R. Colwell, & C. Richardson (Eds.), *The new handbook of research on music teaching and learning* (pp. 487-508). New York: Oxford University Press.

Gordon, E. E. (1997). *A music learning theory for newborn and young children*. Chicago, IL: GIA Publication.

Greenberg, M. (1979). *Your Children Need Music: A Guide for Parents and Teachers of Young Children*. **유아음악교육**. (이기숙, 김영주 공역). 서울: 교문사. (원서 1985년 출판)

Kim (2004). *The musical teacher: Preparing teachers to use music in the childhood classroom*. Dubuque, IA: Kendall Hunt Publishing.

Milliman, R. E. (1986). The influence of background music on the behavior of restaurant patrons. *Journal of Consumer Research*, *13*, 286-289.

Mursell, J. L. (1989). The Education for Musical Growth. **음악적 성장을 위한 교육**. (한국음악교재연구회 역). 서울: 세광출판사. (원서 1986년 출판)

Pica, R. (2010). **출생부터 8세까지 유아를 위한 동작 · 음악교육**. (김은심 역). 서울: 정민사. (원서 2010년 출판)

Portnoy, J. (1963). *Music in the life of man*. New York: Holt, Rinehart and Winston.

Rutkowski, J. (1986). Effect of Restricted Song Range on Kindergarten children's Singing Voice and Development Attitude, *Bulletin of the Council for Research in Music Education*, *100*, 44-53.

Sims, W. L., & Nolker, B. (2002). Individual differences in music listening reponses of young children. *Journal of Research in Music Education*, *50*, 292-300.

Young, S., & Glover, J. (1998). *Music in the early years*. Bristol, PA: The Falmer Press.

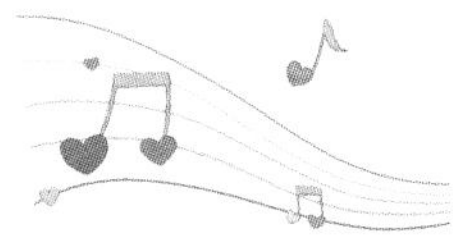

찾아보기

저자 소개

조성연Cho Sung-Yeon

이화여자대학교 유아교육학과 학사

이화여자대학교 교육대학원 유아교육전공 석사

이화여자대학교 대학원 유아교육학과 박사

전 돈보스꼬유치원 교사

성균관대학교 아동 · 청소년학과 겸임교수

현 수원여자대학교 아동보육과 교수

문혜련Moon Hae-Lyun

이화여자대학교 유아교육학과 학사

이화여자대학교 대학원 유아교육학과 석사

이화여자대학교 대학원 유아교육학과 박사

전 올림픽유치원 교사

건영아름유치원 원장

현 경기대학교 교육대학원 유아교육전공 교수

이향희Lee Hyang-Hee

이화여자대학교 유아교육학과 학사

이화여자대학교 교육대학원 유아교육전공 석사

전 서울우면초등학교병설유치원 교사

서울우솔초등학교병설유치원 원감

현 서울특별시 교육청 장학사

다양한 교수 방법을 통한 **유아음악교육**(3판)
Music Education for Young Children with Various Teaching Method (3rd ed.)

2015년 3월 30일 1판 1쇄 발행
2018년 3월 15일 1판 3쇄 발행
2018년 7월 30일 2판 1쇄 발행
2019년 7월 10일 2판 2쇄 발행
2020년 9월 10일 3판 1쇄 발행

지은이 • 조성연 · 문혜련 · 이향희
펴낸이 • 김진환
펴낸곳 • (주)학지사
04031 서울특별시 마포구 양화로 15길 20 마인드월드빌딩
대표전화 • 02-330-5114 팩스 • 02-324-2345
등록번호 • 제313-2006-000265호

홈페이지 • http://www.hakjisa.co.kr
페이스북 • https://www.facebook.com/hakjisa

ISBN 978-89-997-2170-0 93370

정가 18,000원

저자와의 협약으로 인지는 생략합니다.
파본은 구입처에서 교환해 드립니다.

이 도서의 국립중앙도서관 출판시도서목록(CIP)은 서지정보유통지원시스템 홈페이지(http://seoji.nl.go.kr)와 국가자료공동목록시스템(http://www.nl.go.kr/kolisnet)에서 이용하실 수 있습니다.
(CIP 제어번호: CIP2020034113)